Stefan Wachtel

Executive Modus

Stefan Wachtel

Executive Modus

12 Taktiken für mehr Führungswirkung

Überarbeitete Taschenbuchausgabe

executive modus press

Bibliografische Information der Deutschen Nationalbibliothek
Die Deutsche Nationalbibliothek verzeichnet diese Publikation in der Deutschen Nationalbibliografie; detaillierte bibliografische Daten sind im Internet über http://dnb.de abrufbar.

https://www.stefan-wachtel.de

Lektorat: Lisa Hoffmann-Bäuml
Umschlaggestaltung und Grafiken: Anna Haifisch, www.hai-life.com
Druck und Bindung: Friedrich Pustet, Regensburg
Printed in Germany

ISBN 978-3-000-14346-5

Hörbuch *Executive Modus*: u. a. bei amazon erhältlich

Vorwort

zur 3., überarb. Auflage als Taschenbuch

Nach zwei Auflagen – und genau fünf Jahren – erscheint nun *Executive Modus* als Taschenbuch: Das könnte für hohen Bedarf an persönlicher Wirkung sprechen.

Dieses Buch ist ein Plädoyer für mehr Leuchtkraft – und gegen das Graumäusige des deutschsprachigen Managens und Führens. Es richtet sich an alle, die Führungswirkung nach innen und professionellen Auftritt nach außen wollen, und die ahnen, dass entscheidende Schritte auch neue Qualitäten verlangen.

Deutschsprachig erzogene Experten, die Manager werden, tun sich ohnehin schwer mit rhetorischer Kraft. Sie sind ja fachlich gut. Jetzt könnten wir umgekehrt fragen: Wenn Sie schlecht führen, hoffentlich nicht, wäre das schlimm genug. Warum sollten Sie auch noch schlecht reden und auftreten?

Vollständig, sachlich, komplex, komprimiert, stumpf, aus dem Maschinenraum, mit schriftdeutschen Papieren, rechthaberisch – belehrend, in Kästen und Pyramiden dargestellt, oft unattraktiv, und am Ende wenigstens pur-authentisch. Aber wirkungslos, so fliegt es nicht. Ursache ist immer einer von zwölf Punkten, meist mehrere, manchmal alle. Vor allem fehlen Antworten: Für was steht sie oder er hier und zu wem redet sie oder er – und wozu? Schafft sie oder er es in den passenden Modus? Nachhaltig, auch morgen noch mit demselben System?

Dazu bietet mein neues Buch Einsichten an – mit wirksamen Taktiken dahinter: Auswahl statt vollständig, einfach, Inhalte unkomplex und entzerrt aufbereitet, persönlich, einfach mündlich, in Aktion, mit Sinn für die Wahrheiten der anderen, für nachhaltige Wiederholung und geeignet für professionelle Rollen.

An manchen Stellen ist das Buch ein Plädoyer für eine eher weibliche Rhetorik: zugewandt, farbig und weniger rechthaberisch! Mit einem erheblichen Teil der neuen Frauen im Spitzenmanagement habe ich gearbeitet; Sie entwickeln aus meiner Erfahrung oft mit größerer Lernfreude.

Der »Executive Modus« ist existenziell. »Sie sind sein Wettbewerbsvorteil!«, sagte mir einmal eine Kommunikationsmanagerin, als wir eines der Treffen mit ihrem Chef vorbereiteten. »Er will immer mehr Menschen überzeugen. Dazu braucht er mehr Wirkung. Vor allem sein Strategieprogramm wird danach beurteilt.« Was sie nicht sagte; am Ende wurde auch er selbst danach beurteilt. Ich möchte dazu beitragen, dass so etwas für Sie gut ausgeht.

Dieses Buch ist teilweise mündlich entstanden, aus Vorträgen transkribiert. Deshalb ist es kurzsätzig, mit höherem Tempo.

Was ist neu? Nichts, das die Rhetorik nicht schon seit 2500 Jahren zu bieten hat. Aber neu ist ein in sich kompaktes System, das Führungswirkung nach innen und außen praktikabel macht und in ein System bringt, und das zeigt, wie das Ergebnis nachhaltig bleibt. Es vereint Erfahrung aus 20 Jahren Arbeit mit Spitzenmanagern, vorher sechs Jahren mit TV-Journalisten, und daneben aus drei Jahren Training von Passagierpiloten für deren Ansagen, und aus wissenschaftlicher Fundierung.

Stefan Wachtel,
Frankfurt am Main, Weihnachten 2021

Inhalt

Warum?

Warum steht einer auf und will ein Programm nach innen »erläutern«, oder eine Entscheidung nach außen – und man spürt: Das wird jetzt nichts Rechtes! Warum fliegt etwas nicht, obwohl schon so viel Liebe in die Schaubilder gesteckt worden ist? Warum wird eine Strategie nicht verstanden, obwohl sie aufgeschrieben, abgenommen und bezahlt worden ist? Warum erzielt einer keine Wirkung oder die falsche, obwohl er doch schon beim teuersten MBA-Kurs war?

Und umgekehrt: Warum merkt man gleich, sie oder er wird von der ersten Minute an die Leute auf seiner Seite haben? Warum gehen Menschen nach einer Betriebsversammlung – oder nach einem Personalgespräch – an die Arbeit und sagen: Das hab ich verstanden? Warum steigt ein Aktienkurs, nachdem ein Vorstand Fragen beantwortet hat? Warum – jetzt kommt es – warum kann es der, der in der ersten Frage vorkam, nach einiger Zeit eben doch?

Diese Fragen treiben mich lange an. Hinter guter Führung nach innen und außen steht nicht zufälliges Handeln, hinter Führungswirkung stehen auch nicht etwa Naturtalente, die einfach so höhere Wirkung erzielen. Hinter guter Führungswirkung muss es Systematisches geben, und nicht nur eine Tüte voll Tipps. Mit System geht jedes Lernen schneller, und das Ergebnis bleibt nachhaltiger.

Was in Ihrer Managementarbeit bis jetzt aus dem Bauch

kam, braucht für die nächste Stufe professionelle Methode. Denn dort, wo Sie hin wollen, werden nicht nur die Aktentaschen dünner, auch die Reden und Antworten werden politischer, heikler, oft einfach nur allgemeiner. Wer diesen Schritt nach oben geht, braucht andere Mindsets und andere Fähigkeiten als eben noch im Expertenmodus. Für wirklich hohe Führungswirkung müssen Sie den Modus wechseln.

Wer jemals gesehen und gehört hat, wie jemand spricht und auftritt, der eine Ausnahmewirkung erreicht, wird sich vielleicht fragen, was das ist. Dieses Phänomen seziere ich, packe es in zwölf Punkte – und sage, wie Sie es schaffen können. So viel schon jetzt: Es geht um eine grundsätzlich andere Art, aufzutreten, zu argumentieren und zu sprechen. Und das ist mit Talent oder Charisma allein nicht zu erklären – und nicht zu schaffen. Ich bestreite ein verbreitetes Klischee. Sie oder er kann's – oder sie oder er kann's nicht. »Never go out to push the vision. It will fly as it is – or not«. Der berühmte Satz eines Managementautors. Such nicht nach dem Sinn, es fliegt oder eben nicht. So was klingt schön, ist aber falsch. Nichts auf der Welt fliegt einfach so los. Sie müssen ihm Flughöhe verpassen.

Dazu lassen Sie uns drei Fragen stellen und drei Antworten geben: Wie viel Zeit verbringen Manager mit Überzeugungsarbeit? Fast ihre ganze Zeit. Wie viele Methoden haben Manager für die professionelle Vorbereitung und den Auftritt? Zu wenig. Was ist gelungene Executive Communication? Wenn das anders wird. Fangen wir an.

1 Das Prinzip Wirkung

Mündliche Prüfung

Jeden Tag ist mündliche Prüfung, und jeder Auftritt gibt Ihnen eine Aufgabe. Sie sollen etwas darlegen, »Informationen geben«, etwas erläutern oder begründen. Wie in der Schule. Wir kennen die Ankündigung: »Frau X wird Ihnen jetzt Einzelheiten erläutern.« Wenn wir zu reden beginnen, kommt die Aufgabe wieder zum Vorschein, ganz authentisch kommt nur aus uns heraus, was in uns reingetan wurde. Wir wollen unbedingt die mündliche Prüfung bestehen. Und dann kommt es: »Ich bin gebeten worden, Ihnen zu erläutern.« Oder: »Ich darf Sie hier alle recht herzlich zu unserem XY begrüßen.« Wir machen uns klein. Die Wirkung ist durchschnittlich bis verheerend. Vor allem erreicht das kein Level, von dem aus sich Menschen begeistern lassen. Keine Flughöhe, aber dazu später.

Ihr Vertrag als Managerin oder Manager verlangt aber genau das. Darin steht: Sie sollen wirksam führen. Und das unabhängig davon, ob es Ihnen als Typ liegt oder eher nicht so liegt. Sie müssen in einer wirkungsvollen Weise auf die Dinge schauen und auf die richtige Weise drüber reden, Herzen und Seelen ansprechen oder, um es gleich pointiert zu sagen, manchmal auch Stimmung machen. Es genügt nicht, einen Vertrag zu haben; Sie müssen ihn auch erfüllen.

Ich fasse das in ein Bild: Wenn es darauf ankommt, und

wenn Sie etwas erreichen wollen, nützt es nichts, zu wissen, wo die richtige Schraube liegt. Sie müssen nicht die Schraube und ihre Wirkweise erklären, das tun Experten. Es kommt darauf an, darüber zu sprechen, dass da unten genau die richtigen Schrauben liegen, und dass dort unten alles ganz wunderbar sortiert ist. Oder auch das Gegenteil, dass gerade dort unten etwas anbrennt. Je nach Ihrem Wirkungsziel. Executive Communication, oder Führungskommunikation, ist durch und durch rhetorisch.

The Board Meeting Trap – Rhetorische »First Mover«

Ein Meeting. Einer setzt etwas wuchtig in den Raum, einen Spruch, eine Behauptung. Das geht weiter, er schafft sich Komplizen, es gibt Zustimmung. Aber auch auf Ihrer Ecke des Tisches verändert sich etwas, und das ist: erstens schweigen. Und dann zweitens: verstärkte Anstrengung. Sie setzen in Beziehung, Sie suchen Standpunkte oder Sie sehen, dass Sie welche mitgebracht haben, die aber nicht passen wollen zu der oder dem, der eben sprach. Während die auf der anderen Seite schneller waren: Die haben vorgelegt, Sie gehen hinterher. »First Mover« gibt es nicht nur bei Produktinnovationen, es gibt auch rhetorische *first mover*. Den anderen bleibt dann oft nur Rechtfertigung, hilflose Erklärung, ohnmächtiger Protest, meist nach der Situation. Wir sind alle manchmal solche *late mover*. Wir versuchen, etwas dagegenzusetzen: »Aber du musst doch auch bedenken«. Aber solche Phrasen sind vergebens. Totally lost, vergiss es.

Besonders oft scheint das so zu kommen in Calls mit Übersee-Hauptquartieren. Jenseits des Atlantiks nuschelt jemand aus einer größeren Flughöhe kommend, meist einnehmend oder mitnehmend, dann wuchtig und kategorisch argumentierend, sehr vereinfachend. Ein deutschsprachig Sozialisierter will dazwischengehen, hebt an, versucht sich in gutem Englisch, formt etwas grammatisch Korrektes, wird unterbrochen, lost again. Es ist wie im Western. Wer zuerst zieht, überlebt.

Nur ein pointiertes Schlaglicht. Aber ich frage Sie: Wer hat die größere Führungswirkung? Ich frage nicht, und niemand tut das: Wer hatte Recht? Der *first mover*, der früh in der größeren Flughöhe begonnen hatte, war ja nicht einmal im Recht, er hatte nur mehr Wirkung. Nehmen wir an, das ist auch Ihr Auftrag.

Auftragskommunikation

Wir sprechen über rhetorische Wirkung, dafür bietet dieses Buch Methoden an, aber nicht nur. Vorher etwas Grundsätzliches: Die Wirkung gehört der Organisation, für die Sie arbeiten. Es geht nicht um eine Präparierung von Topmanagern als Marken. Es geht nicht um Sie, es geht um die anderen. Es geht um jenes *perfect match* aus Menschen, die im Auftrag handeln, mit den Zielen ihrer Auftraggeber, und am Ende um das Einpassen in eine Organisation – die immerhin Gehalt oder Bezüge und Altersvorsorge zahlt. Was ist das Ziel? Das Ziel ist Wirkung durch Rede und Gespräch im Auftrag. Wir reden nicht über individuelles Auftreten nach Gusto; wir reden über Auftragskommunikation. Es muss einfach klar sein, dass niemand, der führt, sich aufführen darf, als stünde er nur für sich selbst.

Sie handeln im Auftrag Ihrer Organisation. Achten Sie darauf, dass Ihr Handeln im Einklang mit der Organisation steht.

Das gilt nicht nur für Angestellte. Wenn Sie das Ganze oder Teile besitzen, gilt das auch; ich schließe Unternehmer ein, obwohl es einen gewaltigen Unterschied gibt – Höhe gelingt leichter, wenn einem die Organisation gehört. Immer ist das

Ziel dasselbe: Menschen durch Auftritt und Eindruck zu überzeugen.

Sie haben jetzt so eine Ahnung. Dass das alles etwas mit Rhetorik zu tun haben muss. Das ist nun etwas, mit dem Sie wieder nichts zu tun haben wollen. Sie überlegen kurz. Auch in der Stellenbeschreibung stand nichts davon. Da stand aber auch nicht, dass nur »Fachliches« gefragt ist. Sie sollten deshalb wie alle eher »deutschen« Manager lernen, was die angelsächsischen Kollegen schon in der Schule gelernt haben. Ein CEO von SAP, ein Amerikaner in einem deutschstämmigen Unternehmen, über deutsche Executives: »Ich glaube, die amerikanische Geschäftswelt braucht weniger Show – vielleicht braucht die deutsche aber ein bisschen mehr.«

Aber woran sieht man, von welcher Seite jemand kommt? An Äußerlichem, und oft auch deutlich. Uns muss klar sein, dass wir am Ende nur Äußeres beurteilen. Wirkung besteht aus Eindrücken, deren Grundlage leider nicht irgendeine Einstellung sein kann, sondern nur das Handeln, das wir wahrnehmen.

Reden Sie sich niemals damit heraus, dass Sie kein Naturtalent seien. Genauso gut könnten Sie sagen, dass Sie für Führung unterqualifiziert seien. Dann hätten Sie den Vertrag nicht unterschreiben dürfen. Sie können talentiert sein – aber wenn nicht: Sie können Wirkung lernen.

Vor allem alle, die aus zahlenlastigem Umfeld kommen. Ein Beispiel: Finanzvorstände sind selten per se gute Redner, keine Naturtalente also. Eine Erhebung von ExpertExecutive bei IPOs von 1998 bis 2001 hatte schon damals gezeigt, dass von sieben berücksichtigten Börsengängen nur zwei Vorstände auf Anhieb in kurzer Zeit – im TV-Interview circa 25 Sekunden – ihr Geschäft und den Markt erklären konnten. Noch einmal: Man kann es lernen. Wie viele Finanzvorstände sind in den vergangenen Jahren CEO geworden? Das Lernniveau ist gestiegen, und die Ergebnisse auch.

Sie sollten auf Ihr Umfeld achten, das kommt oft nicht nach. Das sind oft Menschen um Sie herum, die Ihnen sagen, Sie seien ja schon ganz großartig, und es gäbe Wichtigeres. Als ich einmal mit dem Büro eines Finanzvorstandes ein Coaching vereinbart hatte, er ist heute CEO dieses DAX-30-Unternehmens, wollte sein Büro den dafür geplanten Tag verkürzen. »In ein paar Tagen ist doch Bilanzpressekonferenz!«, sagte die Vorstandssekretärin, deshalb sei so wenig Zeit. Aber genau deshalb wollte er ja Rede und Antwort proben! Dahinter wird eine Frage sichtbar: Sind Auftritte, Reden und Antworten bloßes Beiwerk des Führens? Und kostet deren Vorbereitung nur Zeit? Natürlich nicht. Persönliche Wirkung hängt eben nicht als Appendix am Managen dran. Deshalb tun Sie gut daran, nicht Primärleistung und Sekundärleistung zu trennen, nach dem deutschen Klischee, man könne, wenn es einem nicht so liegt, »fachlich gut« managen. Das ist falsch. Es gibt keine gute Führung ohne guten Auftritt.

Nehmen wir noch ein reales, anonymisiertes Beispiel. Über den alten CEO heißt es: »brave Ansprache«, über den Neuen: nimmt Mitarbeiter mit, redet frei, interessant, mit Action in seinen Auftritten, aber auch staatsmännisch – »redegewandt« und »elegant gekleidet«. Mit einem Wort: mit Performance. Eine Geschichte, wie sie sich oft ereignet. Einer geht, ein anderer ergreift das Ruder. Oft sind es Wechsel, die durch Zahlen allein nicht erklärbar sind. Hinter manchem Wechsel steht einfach die Art zu sprechen und aufzutreten. Ich nenne das Führungswirkung.

Einstellungen und Fähigkeiten

Ein paar Jahre lang habe ich in Kitzbühel an einem jährlichen Leadership Event einer Strategieberatung mitgewirkt. Die ausrichtende Practice hieß *mindsets and capabilities*. Wer Führungswirkung entwickeln möchte, geht diese zwei Wege. Erstens von innen, über Einstellungen. Zweitens von außen, als erlernte rhetorische Fähigkeiten. Die zwölf Gesetze dieses Konzeptes sind beides: Einsichten – und die Umsetzung in Fähigkeiten.

Uns muss klar sein, dass wir als Wirkung nur Äußerlichkeiten beurteilen können. Einstellungen können wir nicht sehen. In welchem Modus jemand ist, sehen wir nur am Ergebnis. Anderenfalls müssten wir uns, mit einem Wort Georg Büchners, »die Schädeldecken aufbrechen und die Gedanken einander aus den Hirnfasern zerren.« Aber man sieht meist, ob jemand im richtigen Modus ist. Ist die Wirkung hoch, ist oft schon das Innere auf Wirkung eingestellt.

Mit Einsichten wie auch Rat für Verhalten hilft dieses Buch, aus einer alten Welt hinaus in eine neue zu kommen. Raus aus der alten Welt von Managern, die zu besonderen Anlässen Texte vorlasen, dazu wichtig hinter Lesebrillen guckten – oder, wie Reinhard Sprenger schrieb, mit Hirtenbriefen ihre Mitarbeiter einnorden wollten. Das veranschauliche ich für meine Klienten auf der linken Seite einer Tabelle. Dort ist der Modus, der einen festhält. Gehen Sie in eine Welt, in der es um Wirkung geht. Auf der rechten Seite sind dagegen Mindsets und Fähigkeiten, die man als Executive braucht (Bild 1.1).

Bild 1.1 Modus I: Experte; Modus II: Executive

Die beiden Modi der Führungskommunikation

Sie glauben zu wissen, warum Sie manchmal zu wenig Wirkung entfalten: Weil Sie sich zu wenig angestrengt haben oder weil Sie zu wenig wissen, weil Sie noch Informationen brauchen oder alles noch einmal in noch weniger Papier pressen wollen. Weil noch ein Chart fehlt und Sie nicht den allerletzten Stand kennen. Das stimmt meistens nicht. Es ist oft einfach nicht klar, auf welcher Seite des Spiels Sie sich bewegen, in welchem Modus.

Wer führt, kennt beide Modi: den einen der täglichen Abläufe. In dem geht es um Fakten, entscheiden, manchmal durchwurschteln, Komplexität beherrschen, Daten komprimieren, Sachverhalte beurteilen und nach Wahrheiten suchen. Es sind Entscheidungen zu treffen – und die sind wiederum mit vermeintlichen Fakten zu rechtfertigen – oft von ganz tief unten. Hier befinden wir uns in dem Raum, der vieles am Laufen hält, sozusagen im »Maschinenraum«.

Und es gibt den Modus, der über das tägliche Managen hinaus geht; und dieser strebt nach mehr Effekt. In diesen zweiten Modus wird umgeschaltet, wenn es drauf ankommt, wenn man im Fokus steht. Dieser Modus verlangt weniger logische Wahrheitssuche als ein Wirkungsziel, Klarheit über die Rolle, Gespür für Beziehungen, einiges Geschick und erlernte Taktiken. Vor allem muss man wissen, wann man umschaltet. Hier blicken wir nach vorne, können Menschen begeistern, visionär sein, den Raum öffnen und Flughöhe erreichen.

Der erste Modus unterscheidet sich – von der Gehaltsklasse und allerlei Tand abgesehen – noch kaum von Ihrem vormaligen Dasein als Experte des eher deutschen Stils. Wer managt, kennt sich mit etwas aus oder kannte sich irgendwann mal mit etwas aus. Deshalb ist es nicht verwunderlich, schon gar nicht verwerflich, das ganze tägliche Managen und Führen im ersten linken Modus zu versuchen – wie früher auch. Mit den Methoden der Sachverhaltsbehandlung. Das ist ebenso verständlich wie legitim. Es ist nur ganz oft wirkungslos. Für Ihren Arbeitgeber und für Sie. Sie sollten den zweiten Modus beherrschen. Sie sollten, in einem einfachen Bild, von links nach rechts gehen (Bild 1.2).

Expert	Executive
Maschinenraum	Flughöhe
sachlich	persönlich
vollständig	Auswahl
schriftlich	mündlich
Papier	Aktion
recht behalten	»alles ist wahr«
Neuigkeit	Wiederholung
komprimiert	entzerrt
komplex	einfach
stumpf	pointiert
herkömmlich	attraktiv
nur-authentisch	Rollenbalance

Bild 1.2 In den richtigen Film kommen

Für den linken Modus gibt es allerlei Prozesse, die Sie festhalten. Es gibt Möglichkeiten der Rechtfertigung, manchmal klare Wahrheiten, oft eine Zahl, die den Ausweg bietet. Etwas, an das man sich halten kann. Die Lösung scheint im Rechthaben zu liegen.

Aber je weiter Sie kommen, desto mehr wird eine Art Wirkungsmodus zum Normalfall. Er verkörpert in diesem Buch die rechte Seite. Den ersten Modus sollten Sie verlassen lernen, und das zweite Feld betreten – und dort möglichst weit kommen. Es ist der Executive Modus.

Für die neuen wirkungsorientierten Manager sind die entscheidenden Fragen: Was will ich erreichen? In welchem Film bin ich – was ist die Rolle – welcher Auftritt schafft wie viel Wert? Wie komme ich rein, wie sitzen wir da, wo stehen die? Wie »fliegen« die ersten Worte?

Reinhard Sprenger fragt in seinem Buch *Radikal führen* danach, was wichtig sei. Was hat Konsequenzen? Die Frage, in welchem Modus gesprochen und aufgetreten wird, ist wichtig; die Antwort hat Konsequenzen. Für Führungswirkung brauchen Sie die passenden Worte und den passenden Auftritt. Diese sind: Aufgaben geben – aber auch den Sinn der Aufgaben aufzeigen, für Neues motivieren, drohen und mahnen, in die Zukunft weisen, Werte formulieren, auf Gefahren aufmerksam machen, Mut und Respekt vermitteln. Und nach außen der Company ein gutes Bild verpassen. Das ist relevant, das hat sogar gewaltige Konsequenzen: nämlich besseres Wirtschaften. Wer auf der rechten Seite agiert, ist sein Geld wert.

Schon das erste moderne Buch über Führung definierte Führung als Kommunikation mit Wirkung. James MacGregor Burns definierte schon 1978 einen Unterschied zwischen transformierender Führung und transaktioneller Führung. Transaktionelle Führung ist ein Geschäft mit festen Rollen: Tätigkeiten festlegen, Aufgaben verteilen, loben und tadeln, Tauschbeziehungen. Transformierende Führung versucht, Vertrauen und Verständnis herzustellen. Ich kenne keine Führungskräfteentwicklung, die sich nicht zu dieser zweiten Seite bekennt. Diese Form der Führung ist am Ende, und zwar ausschließlich, das muss Ihnen klar sein, wirkungsvolle Rhetorik durch und durch.

Die Frage »Wie kann man Führung durch Rede und Antwort wirkungsvoll hinbekommen?« beantwortet Kapitel 2. Was

Sie bisher daran gehindert hat, zeigt Kapitel 3. Wir werden sehen, was einen in der alten Welt festhält. Im vierten Kapitel zeige ich, was uns Wirkung verleiht.

Danach, im Hauptteil, stelle ich die zwölf Taktiken vor. Was unterscheidet Executives von Experten? Einfachheit ist die Voraussetzung jeder Vermittlung. Will man ein Phänomen erklären, zerlegt man es in kleine Schritte. Am Ende steht eine zweispaltige Tabelle: Links ist die alte Welt, aus der die meisten von uns alle kommen, egal aus welcher Branche oder Ausbildung – rechts die Executive-Wirkungswelt. Diese Einsicht schafft Zeitvorsprung.

Man kann Führungskommunikation personenzentriert entwickeln – Rhetorik tut das seit Jahrtausenden. Das genügt aber nicht, professionelle Führungswirkung muss auch systemzentriert herangehen, denn wenn Manager ohne Durchschlagskraft kommunizieren, hat das immer auch Gründe in den Organisationen, in denen sie das tun. Ich bin Rhetorik-Mechaniker und komme aus der personenzentrierten Arbeit. Aber auch, wo es scheinbar nur personenzentriert zugeht, muss ich immer das System anschauen. Ein simples Beispiel: Wo Angst herrscht, auf Betriebsversammlungen Fragen zu stellen, hat es individuelles Können schwer.

Gerade deshalb ist es dort umso nötiger. Oft eben sind es nicht die Auftretenden, sondern die Menschen dahinter, auf die es ankommt, die die Vorbereitungsmaschine am Laufen halten. Wo ich mit meinen Kollegen an diesem Problem arbeite, schreibe ich vier Worte auf ein Flipchart, sie beginnen mit »P«, von Prozessen der Vorbereitung bis zu Präparationen der Reden und Antworten. Ich begründe sie in Kapitel 6. In den Kapiteln 7 bis 9 geht es um strittige Themen der Auftrittsvorbereitung, Coaching und, und im letzten Kapitel um die Rückseite der Führungskommunikation, um das, was einen aus dem Executive Modus – aus der Spur wirft; es sind zehn kleine

Fallen. Am Schluss des Buches steht eine Warnung vor dem Einstellen des Lernens, der X-Punkt.

Nach innen Zusammenarbeit fördern – nach außen Freunde schaffen

Es gibt Firmen, in die will von außen jeder rein, aber die innen sagen, sie wollten raus. Das gilt für große Teile des Investment Bankings – und das galt, als ich noch dort war, etwa für das ZDF. Es sind oft Firmen, die viel am Image arbeiten und wenig am Umgang miteinander.

Dirk Baecker sagt in *Postheroisches Management*, Organisationen seien »Ansammlungen von Lösungen, die nach Problemen suchen«.

Eine Wirtschaftsorganisation kann einem vorkommen wie Kafkas berühmter Käfig, der einen Vogel sucht. Organisationen fangen Menschen ein, domestizieren sie und zwingen ihnen Prozesse auf. Es ist bis zu einer der oberen Führungsebenen nicht üblich und gar nicht gefragt, dass sie Überblick gewinnen. Bei jeder Art von Aufstieg aber sehr wohl, und sehr radikal. Und oft ist dieser Weg so schnell, dass keine Zeit mehr scheint, alle Fähigkeiten aufzusammeln. Was die – rhetorische – Führungskommunikation nach innen und außen angeht, sind zwei Aufgaben erkennbar: Es geht um den Auftrag, zu sprechen – und zwar erstens intern. Wenn Manager zu Mitarbeitern und anderen Managern sprechen – ich vermeide das Wort »Führungskraft«, es erinnert an »Reinigungskraft« – haben sie ein Ziel: Sie führen Menschen, um sie zu gemeinsamem Handeln aufzufordern. Ob Gespräche oder Auftritte: Rede und Antwort sollen Gemeinsamkeit herstellen, und in Unternehmen Zusammenarbeit fördern. Das ist die erste, innere Aufgabe.

Managen und führen geschieht, denkt man, nur intern, in

der Organisation. Und was ist mit externer Redewirkung? Sie hat mit Führung scheinbar zunächst nichts zu tun und folgt zumindest anderen Regeln. Reden nach außen geschieht erst recht im Auftrag: Und das ist die zweite Aufgabe, Wirken nach außen: Wer ein Unternehmen oder Teile davon repräsentiert, tut das, um für den Auftraggeber Freunde zu schaffen. Wir dürfen übrigens sicher sein, dass Medien sich deutlicher und öfter zur rhetorischen Wirkung äußern werden. Schon deshalb, weil es immer mehr Bilder und Filmchen gibt. Und eins ist auch klar: Auf einer Skala von außen nach innen nimmt Authentizität rasant ab.

Ob intern oder extern (Bild 1.3): In beiden Fällen sollten wir Irrtümer vermeiden.

Bild 1.3 Mehr als wir selbst

Hier liegt der größte Irrtum der Führungskommunikation: Wer führt, soll nach außen und innen informieren, das können Sie überall lesen und hören. Nur, gerade dazu braucht man Sie nicht, dazu sind Sie auch zu teuer, hoffen wir für Sie. Sie müssen überzeugen.

Die beiden Aufgaben für Führungswirkung sind nach innen Zusammenarbeit organisieren und nach außen Freunde zu schaffen. Für keines von beidem genügt es, irgendjemanden über irgendetwas zu informieren. Oft wird Informieren nicht einmal gebraucht, nicht selten steht dauerndes Informierenwollen im Wege.

Sie müssen oft etwas ganz anderes tun, als man ihnen vorgibt oder aufträgt. Führungswirkung heißt aus der Deckung kommen. Wer sich versteckt, wird nie in den Executive Modus kommen. Reden und Antworten gelingen nicht ohne letztlich rhetorisches Ziel und nicht ohne Festlegung.

Aus der Deckung kommen, das wird nach oben hin gefährlicher. Während links noch fein säuberlich die Wahrheiten im Regal liegen, ist rechts schlicht Vieles wahr. Sie geraten auf dem Weg nach rechts auf ein gefährliches Feld, so viel muss Ihnen klar sein. Sie müssen sich auf dünnes Eis begeben; Sie werden manchmal vom Informieren zum Überzeugen schlittern. Es besteht jederzeit die Gefahr zum Überreden zu kommen und ins Manipulieren, wenn Sie ethischen Werten untreu werden. Niemand bewahrt Sie davor. Die Basis sicherer Wahrheit fehlt. Das ist Ihr Berufsrisiko. Sie werden Kunstfehler begehen, etwas, das zur Berufs-Kunst des Führens dazu gehört – so wie es zur ärztlichen Kunst gehört, auch einmal falsch zu behandeln.

Risiko ruft nach Rückzug. Ich informiere ja nur! Aber es wäre unanständig dem Unternehmen und Auftraggeber gegenüber, sich auf bloßes Informieren zurückzuziehen. Wirkungsvoll überzeugen steht in Ihrem Vertrag.

DER ZWEITE IRRTUM: KOMMUNIZIEREN GELINGT OHNE ÜBERREDEN

Stellen Sie sich in einer Reihe vor: überzeugen – überreden – manipulieren. Die Grenzen sind fließend. Alle wollen überzeugen, und niemand will überreden. Aber es gibt keine rote Lampe, die sich einschaltet, wenn etwas nicht mehr überzeugend ist, sondern schon überredend oder gar manipulierend. Manipulieren bedeutet, mit der Hand *(manus)* eingreifen in etwas, Hand anlegen an etwas. Nehmen wir das ernst, kann jeder gute Auftritt manipulierend sein, besonders der wirkungsvolle.

Wer etwa Mitarbeiter infantilisiert, manipuliert, handelt unethisch. Vor allem, wer Machtgefälle zum Schaden anderer ausnutzt. Den *authority bias*, die blinde Gefolgschaft, sollten nicht nur die Untergebenen meiden, auch Sie als Führender. Dieses Handeln und die Überzeugungen dahinter, wenn es sie gab, sind niemals nachhaltig. Leute aus Ihrem Team werden dann nicht aufgrund eigener Überzeugung handeln, sondern aufgrund fremder Motive. Anders gesagt, manipulieren führt zum Verhalten im Reflex. Es ist manipulierend, wenn Informationen zurückgehalten werden, wenn ein bewusst falsches Bild gegeben wird, dann vor allem, weil die Folgen den Zielen der Manipulierer entsprechen. Das kann Ergebnis rhetorischen Könnens sein, gute Führungswirkung ist das nicht.

Was Mitarbeitern und Öffentlichkeit zusteht, ist ein Reden, das Handeln mit Reflexion ermöglicht. Reden, um bei anderen Handlungen auszulösen, bedeutet immer Bewusstseinsveränderung, manchmal, um einen Vorteil zu erlangen, hoffentlich für das Ganze und nicht nur für die Sprechenden. Für die Ansprache an die Außenwelt gilt das auch.

Das Beunruhigende: Alle drei Beeinflussungen – überzeugen, überreden, manipulieren – verwenden dieselben Mittel.

Am Ende steht eine Tüte voll Handwerk, das man für alle drei Prozeduren nutzen kann. Da bleibt nur ein Ansatz zur Unterscheidung, und der ist technisch, nicht ethisch: Man beobachtet, wie lange das Ergebnis vorhält. Das Überredete und Manipulierte, der Staubsaugervertreter, hält nicht so lange wie das Überzeugte.

Der Kern des Irrtums: Die Hoffnung ist, dass sich das Manipulierte irgendwann gegen seine Manipulierer wenden wird. Begründet ist sie nicht. Unter den Bedingungen modernen Managens ist sie eine Illusion. Es gibt kein externes ethisches Kriterium zur Trennung der drei Prozeduren. Es bleibt individuelles Ermessen. Am Ende muss das, was Sie als Manager sagen, nachhaltig überprüfbar sein – und von den anderen innen und außen kritisierbar.

DER DRITTE IRRTUM: DIE HISTORISCHE RHETORIKFEINDLICHKEIT

Rhetorik ist anrüchig. Gehen wir einen Schritt zurück. Die praktische Rhetorik war lange nur eine Geschichte von Reden. Folgt man dem Bestsellerautor Karl-Heinz Göttert *(Mythos Redemacht)*, hat sich nichts geändert. Reden – und Antworten – mit großer Wirkung hat es immer gegeben. Es stimmt vor allem nicht, dass es überwiegend abwärts ging – das wird ja gern behauptet. Nur ein Feld ist die Ausnahme: Deutschsprachige Business-Rhetorik war lange Zeit erbärmlich. Nicht einmal die universitäre Rhetorik hat sich um praktische Rhetorik gekümmert. Am bekanntesten Rhetoriklehrstuhl Deutschlands sagte mir ein wissenschaftlicher Assistent: Ja, praktische Rhetorik, das wäre mal eine gute Idee, da müsste man mal nachdenken. Sie tun das bis heute ohne durchschlagenden Erfolg, von einer institutionalisierten Wirtschaftsrhetorik zu schweigen. In der historischen Rhetorikfeindlichkeit potenziert sich die ohnehin vorhandene ideologische Wirtschaftsfeindlichkeit.

Jede Diskussion über Rhetorik zieht irgendwann eine Diskussion über Ethik nach sich. Rede braucht Freiheit, denken wir uns, in der Demokratie passt sie so richtig gut. Stimmt nicht: Das Niveau der Reden blieb hoch, vor allem offenbar ganz unabhängig davon, ob Diktatur, Demokratie oder Monarchie herrscht. Wir können eben nicht sagen, dass die Demokratie die Rhetorik beflügelt. Was Quantität angeht ohnehin nicht; die längsten Reden hielt der Sozialdiktator Fidel Castro.

Platon hatte wahre oder gute Rhetorik von falscher unterscheiden wollen. Die falsche Redekunst ist die, die nicht das fordert, was wir als moralisch ansehen. Die gute Seite lehrt das Reden, um Gutes zu tun. Auch bei Isokrates war Rhetorik eine Kunst, »die Schlechten zurechtzuweisen«. Das ist etwa das, was ARD und »Monitor« jahrzehntelang zur Meisterschaft brachten, und ZDF und »Frontal« mit dem Motto: »Da haben wir wieder jemanden erwischt!« – unter dem Deckmantel der Information.

Ein Redner ist ein guter Mensch, der gut zu reden weiß, sagt uns Quintilian, immer persönlich integer. Heute würde man sagen: Compliance-konform. Die Vorstellung, Moral und Rede gehörten zusammen, ist eine schöne Idee. Aber sie hat ihre Tücken. Immerhin unterstützt Rhetorik beides: den Dialog, auch den herrschaftsfreien, wenn es den gibt, und die Manipulation. Die wird in täglicher Führungsarbeit und in Statements nach außen korrumpiert, auch bei Mitarbeitern. Wessen einziges Ziel Vertriebssteigerung ist, der kann noch so viele Seminare zum Kulturwandel besuchen. Es kommt am Ende auf Ihre Haltung an, als Führender und als Geführter – die kann man nicht lehren.

DER VIERTE IRRTUM: DIE TYPISCH DEUTSCHE KOMMUNIKATIONSWEISE

Wer aus deutscher Erziehung in den Executive Modus kommen möchte, hat einen mächtigen Klotz am Bein. Unsere Erziehung, ob in Deutschland oder teils in der deutschsprachigen Schweiz, Rhetorikfeindlichkeit wurzelt hier besonders tief. Wirkung in Auftritten, schon der Auftritt an sich gilt vielen Deutschen gleich als verdächtig. Und wir wissen warum. Wer an rhetorische Wirkung denkt, hört den Satz in einem Stadion: »Wollt Ihr den totalen Krieg?«

Und es gibt einen Grund dazu. Wie die Deutschen Mobiltelefone gebaut haben, so kommunizieren sie manchmal: überfunktional, sperrig, und langsam. Mit dem Ergebnis bleibt man in der Tür hängen. Wo Rhetorik verpönt ist, wird sie eher nicht ausgeübt, oft nicht einmal geübt. Wozu auch?

Deutschsein heißt sachlich sein, sagt Diederich Heßling, »der Untertan« des Heinrich Mann. Das Ergebnis haben die Auftraggeber und Aufsichtsräte ausbaden müssen, durch Spitzenmanager, die vielfach gar nicht zu hoher Führungswirkung imstande sind. Der CEO einer Großbank sei ein »detailverliebter Analytiker«, über einen Vorstandsvorsitzenden wird gesagt, er sei einer »im Hausmeisterkittel«, ein anderer wird zum Schein gelobt als »der beste Elektromechaniker« der Republik, ein CEO aus der Luftfahrt wird als »der Aerodynamiker« verspottet. Mit deutscher Auftrittsweise, wie sie viele Jahre war, lässt sich offenbar kein Blumentopf gewinnen.

Auf der Internationalen Automobilausstellung in Frankfurt ging ich an einem Stand vorbei, an dem ein Kleinwagen vorgestellt wurde. Dort sprach ein Topmanager, der bestimmt längst nicht mehr dort ist. Der musste dem Publikum unendlich leidtun. Eine Kommunikationsagentur, vermute ich, hatte ambitionierte Charts hergestellt, technisch aufwendiges Brimborium, er sollte dazu etwas vortragen, aber er war verloren. Sie hatten ihm einen unsprechbaren Text geschrieben, schriftdeutsch und voller Industrielyrik: Es wimmelte von Innovationen, tief greifendem Wandel, Herausforderungen, Systemanforderungen. Mit dem sprechenden Menschen ging das nicht zusammen, es war zu langsätzig, und er musste es vorlesen. Er war sehr authentisch, die Performance wirkte so, wie er vielleicht ja auch war: hakelig, sperrig, ungeschickt. Das Schlimmste von allem: Es war emotionslos. Der Claim der Marke war – und ist es wohl noch – *Auto Emoción*!

Spanische Autos mit deutscher Rhetorik? Britische Autos – englische Rhetorik? Reden eigentlich britische Automanager wirklich besser? Wir ertappen uns bei einem Klischee: teurere Autos – teurere Rhetorik. Genau dies erlebte ich kaum eine Stunde später, und es war großartig: Eine Managerin von Jaguar, eine kleine nicht mehr junge Frau, sprang hinter dem Vorhang hervor, berührte die Reifen, strich über den Lack. Sie begann kategorisch, etwa: »Today is the beginning of a new Jaguar, and here you are in the centre of this …«, irgend so etwas. Ich sah als Rhetorik-Mechaniker, was dahintersteckte, und an welchen Schrauben die Jaguar-Rhetorik-Mechaniker gedreht hatten. Das Entscheidende war: Alles schien so authentisch, als ob es gerade aus ihr herauskam. Der deutsch-spanische Kleinwagen ist ein weniger teures Auto, aber muss die Rhetorik gleich schlechter sein? Es gibt keine Begründung für schlechte Auftritte, auch nicht ein schlechtes Produkt. Wo Sie ein schlechtes Produkt vertreten sollen, oder eine schlechte Sache, gehen Sie weg. Und wenn Sie eine gute vertreten, dann tun Sie das mit guter Führungswirkung. Bitte.

Heute arbeitet kaum ein Executive noch im nur deutschen Milieu; unsere deutsche Wirkungsarmut trifft auf ganz andere Benchmarks. Sie werden über kurz oder lang an angelsächsische Kollegen und deren Kommunikationsfähigkeit gemessen werden. Und das hören wir dann immer: Die angelsächsischen, besonders die US-amerikanischen Bedingungen, sind sicher gut, hier im deutschen Kulturraum aber muss ich ganz anders agieren.

Anders ja, aber ganz anders? Und auch noch schlechter, wirkungsarm? Lassen Sie uns in die Geschichte blicken. Seit Jahrhunderten fragen sich die Gelehrten: Gibt es etwas, das in allen Sprachen gleich ist, universal? Der Streit ist für unser Thema längst entschieden: Gleich, in welcher Sprache auch immer, ist die Not nach Führung durch Sprache, nach Zugang, nach Einfachheit und Klarheit, die Fähigkeit mancher Menschen, andere zu überzeugen – und der Unfähigkeit wieder anderer. Das sind Universalien. Und das gilt in allen Sprachen, in denen Führungskommunikation gefragt ist, nicht nur wegen globaler Vernetzung und trotz aller Unterschiede. Das Deutsche und das Englische sind sich auch da ohnehin sehr nahe. Arbeiten wird organisiert unter Leitideen, die von dafür motivierten und dafür qualifizierten Menschen organisiert werden. Insofern ist nichts neu. Das Publikum hüben wie drüben will dasselbe. Die Unterschiede sind graduell. Auch wenn deutsche Belegschaften, Journalisten und Analysten nicht so sehr große Performance gewohnt sind, empfänglich dafür sind sie ebenso. Es gibt keine Rechtfertigung, vor deutschem Publikum schlechter zu reden. Eher besser: Einige der Taktiken, die wir in angelsächsischer Business-Rhetorik deutlich ausgeprägter finden – Mündliches, Unkomplexes, Wiederholendes und Gemeinsammachendes – wäre in hiesigen Auftritten besonders dringend.

Wer nach Professionalität strebt, kommt am Ende nicht ohne Vorbild aus. Wenn es um Rede und Antwort geht, sind die häufigsten Vorbilder Barack Obama und Steve Jobs. Oder andere angelsächsisch erzogene wie Elon Musk. Die können und konnten es. Aber sind die deshalb unerreichbar? Ich sage: Nein. Ausnahmslos alles das könnten deutsche Spitzenmanager auch so, und ganz genau so können Sie es. Und wir müssten ein paar Dinge wissen und beachten – und ein paar andere erlernen. Sie müssen dafür nur:

- sich in denselben Modus versetzen *(mind)*,
- sich ebenso gut vorbereiten *(plan)*,
- ebenso agieren *(action)*.

Dann sind Sie auf der rechten Seite des Spiels. Wer das nicht will oder wer keine Zeit zu haben glaubt, oder wer lieber wirkungslos bleiben will oder einfach authentisch, soll dann aber nicht klagen, dass er nicht so gut ist wie seine Vorbilder.

Indem wir auf die rechte Seite der Führungskommunikation gehen, werden wir wirksamer. Diesen rhetorischen Wirkungsmodus zu beherrschen ist in der angelsächsischen Wirtschaft eine Selbstverständlichkeit, oft sogar Einstellungsvoraussetzung. Amerikanische, britische und viele in Übersee Erzogene können besser reden. Wer mit Spitzenmanagern Reden und Antworten vorbereitet, zeigt hie und da Beispiele guter Reden, und es sind fast immer angelsächsische: Churchills Reden, die »Dream«-Rede von Martin Luther King, »Berliner« Reden von US-Präsidenten. Auch Auftritte US-amerikanischer Spitzenmanager sind oft solche mit beispielloser Wirkungsorientierung, in einfacher Sprache, klar, nicht vorgelesen, mit guter Performance. Noch zu viele Auftritte, der in deutscher Kultur erzogenen Manager, haben genau das nicht. Das beginnt schon mit einem Phänomen: Flughöhe.

2 Das Phänomen Flughöhe

Martin Luther King sagte: »Ich habe einen Traum!« Er sagte nicht: Ich habe einen Plan. Das wäre auch schön gewesen, daran mangelt es ja auch oft genug. Aber ein Traum ist mehr. Über diesen Satz ist genug gesagt, er ist ein Prototyp für ein Phänomen jeder Kommunikation: Wirkung durch Höhe.

Jetzt zu Ihnen. Sie sind Experte, Sie strengen sich an, Sie wissen es, und trotzdem gelingt es oft nicht. Was brauchen Sie? Etwas ganz anderes als das, was üblicherweise Ihre Zeit in Anspruch nimmt. Wo das Tagesgeschäft alle Kraft okkupiert, bleibt Ihnen kaum Raum für den Draufblick. Viele meiner Klienten sagen: Ich lasse es zu, dass zu viel Zeit mit dem Sammeln von Fakten vergeht. Man versinkt darin, mit einem Satz von Herminia Ibarra: »It's hard to develop strategic foresight on the factory floor.« Sie schaffen es nicht auf den Balkon hinaus, weil Sie immer auf der Treppe aufgehalten werden. Sie suchen nach mehr Überblick. Der amerikanische Management-Autor Ronald Heifetz nennt eine Metapher dafür: Sie sind »on the dance floor« – oder »up on the balcony«.

Den Überblick haben Sie sicher manchmal, aber man muss es Ihnen ansehen, damit Sie wirken können. Erst von oben erkennen wir Zusammenhänge. Wer sich in einer Stadt verirrt hat, und den Überblick verliert, bekommt es mit der Angst zu tun. Wer den Stadtplan vor sich hat, sieht augenblicklich klar.

Es geht darum, vom Kopf her einen größeren Wurf zu wagen. Dafür fand ich mit einem Klienten zusammen einmal diesen Begriff. Er führte ein Unternehmen mit 40 000 Mitarbeitern – und steigerte den operativen Gewinn um eine Milliarde in wenigen Jahren. Das war beileibe nicht nur seinem Management geschuldet, aber zum Teil eben doch. Seine Methode war es, in Reden und Antworten nach etwas zu suchen, das ihm größere Wirkung verschafft. Wir suchten nach einem Wort dafür, und nannten es schließlich »Flughöhe«.

Natürlich ist es viel komplizierter; es ist ein ganzer Strauß aus Einsichten und Fähigkeiten. Aber wer diesen Dreh raushat, ist auf einer Höhe, die es leichter macht, andere mitzunehmen. Allerdings meint der Begriff hier eben nicht »arrogant«, gerade das nicht, er meint nicht »abgehoben«, gerade auch das nicht, und er meint nicht »sich über Mitarbeiter erheben«. Er meint nur, dass die Wirkung eine Stufe höher ist. Und zwar mit System.

Führen und Managen verlangen einen Blick auf das große Ganze – das geht am besten von oben.

Nur was eine gewisse Höhe erreicht, kann sich aus der Schwere des Kleinkriegs befreien. In sehr alter Literatur werden zwei Pole unterschieden: *ornatus gravis:* schwer, und *ornatus levis:* leicht. *Gravitas* ist dem Boden verhaftet. In der klassischen Rhetorik positiv, bodenständig wäre das deutsche Wort dafür, hätte es nicht den Beigeschmack von bequem und unbeweglich. Das Gegenteil schafft Höhe, das ist *levitas*, das Leichte, Schwebende, das nicht Festgehaltene – heute würde man sagen, das Visionäre. Es ist verbunden mit der Ambition, mit dem Willen zu Führung und Vorangehen. Alle visionären Menschen haben das. Es gelingt wieder nur, wenn der Blick weit ist. Wer diese Fähigkeit draufzusehen erlernt, schafft den wirkungsvollen Auftritt. Er kann damit andere bewegen, weiter und höher zu blicken. Und vor allem andere dahin zu führen, nur darauf kommt es an. Wenn ich einen Kern der Rhetorik noch einmal nennen darf: Es geht um die anderen!

Managen und Führen verlangen diesen weiten Blick. Die Höhe bestimmt den Blick. Die »Lufthoheit« ist ein Zustand, der in der Kriegskunst erstrebt und sodann immer wieder verteidigt wird. Dazu gibt es das Bild des Feldherrnhügels. Jemand wird oben hingestellt, manchmal auch dort hingetragen, und kann weiter schauen als die anderen mit den weniger feinen Uniformen. Auch wenn Feldherren-Gebaren nicht das Richtige ist: Wer die höchste Legitimation beanspruchen darf, gewinnt die größte Überzeugungskraft.

Ich habe drei Jahre lang 700 Piloten für deren Bordansagen trainiert – 100 Tage lang je sieben Piloten. Die arbeiten ja in wirklicher Flughöhe. Sie haben über weite Strecken nur ein Ziel: das Rädchen mit der Aufschrift »altitude« nach oben zu drehen. Dann steigt augenblicklich die Effizienz: Da oben wird weniger Kerosin verbraucht. Oben ist aber auch die Luft dünner. Vor allem aber ist dort die Wirkung höher. Sehen wir zuerst nach den Voraussetzungen für *altitude*.

Vom Ende her sehen können

Flughöhe erreichen ist wie ein anspruchsvolles Spiel; immer neue Verknüpfungen, ein Netz von Fäden – ein Sinn dahinter. Oder wie der Fußballer Zinédine Zidane spielte: Ihm wurde nachgesagt, vor jedem Tritt zu sehen, wie es enden wird. Wir können von erfolgreichen Golfern und Tennisspielern lernen. Die das Prototypische, das große Bild, sehen. Dazu brauchen wir Abstand.

Die richtigen Fragen stellen

Start with why! Es fasziniert, welche ungeheure Wirkung einige der selbstverständlichsten Dinge entfalten, kommen sie erst einmal auf eine TED-Talk-Bühne. Der gleichnamige Weltbestseller dazu enthält eher weniger Weisheiten als jedes Kochrezept. Nur aufgrund seiner Botschaft: Beginne mit dem Warum, und fliege höher! Menschen mit Führungswirkung haben das Wissen, warum es das Ganze gibt. Deshalb springt in irgendeinem Meeting einer auf und ruft nach dem »Big Picture«. Schon die Frage allein entfaltet Führungswirkung. Wer sie als erster stellt, schart andere um sich. Wer die Schrauben aufzeigt, aus denen das neue Produkt konstruiert wird, wer die 21 Charts gefüllt hat, die die neue Strategie zeigen, wer das Haus zeigt mit den sieben Säulen, kann vielleicht Wirkung erzeugen. Wer sagt, warum das so ist, tut das bestimmt.

Über sich selbst hinaussehen

Viele Ihrer Anstrengungen zielten bisher auf Ihre direkte Wirkung, Face-to-Face. Steigt die Verantwortung, können Sie aber nicht mehr jedem die Hand schütteln, es wächst die Distanz, und der Gegenwind kommt. Sie können nicht mehr gegenüber jedem so sein, wie Sie sind. Sie könnten ausrutschen, Wettbewerber und Medien warten drauf. Der Aktienkurs kann leiden. Vor diesem Hintergrund wäre es fahrlässig, Ihnen zu sagen: Sie sollten authentisch sein – Siehe Gesetz Nr. 12.

Unter Deutschen heißt es: Sag einfach, wie es ist! Etwas einfach so sagen, das steht hoch im Kurs. Aber dieses Gegenteil wirkungsorientierter Redekultur ist nur »flat«. Durch die Betitelung, dass etwas einfach so sei, wie es ist, unterstellt es Wahrheit. Damit ist die Formulierung sogar manipulativ, erst recht, sobald es Sprecher von sich selbst behaupten. Sag's pur, ohne Wirkungsabsicht. Das ist scheinheilig.

Große Themen wählen

Große Themen sind die beste Voraussetzung für Flughöhe. Manche Themen sind disruptiv, bringen Bestehendes ins Wanken. Andere große Themen schaffen Verbindungen, teils über große Zeiten und Räume.

Zum Beispiel die hoch emotionalisierten Themen, die von Gerechtigkeit und Liebe und Tod handeln. Oder von Freiheit. »I have a dream.« Wann immer heute von dieser einen Rede gesprochen wird, folgt sogleich die Klage. Es wird etwas vermisst. »Der Verlust der großen Rede«, überschrieb das *Handelsblatt* eine ganze Wochenendausgabe. Es mangelt offenbar an zwei Dingen. »Einen Traum haben« ist oft schon schwer. Aber es genügt nicht, man muss auch darüber reden können. An beidem scheint es im deutschsprachigen Business zu hapern.

»Einen Traum haben« degeneriert im Business zu so etwas wie »Themen anstoßen«. Diese Formulierung ist so typisch deutsch. So ganz in die Welt bringen will man dies und das dann doch nicht. Angestoßen und angerissen, vor allem angedacht wird alles, was später »durch die Gremien muss«. Aber selbst das Angerissene finden wir zu selten. Und wenn, dann selten so, dass es Menschen ergreift oder Wirkung hat. Mit den Themen scheint es schon schwer genug, von Träumen ganz zu schweigen. Mancher deutsche CEO, der mit mutigen Themen kam, wurde zurückgepfiffen.

Das war mal anders. Der *Rhetor* der Antike zum Beispiel war nicht nur einer, der einfach nur gut reden konnte, das war auch jemand, der große Themen in die Gesellschaft brachte. Das verlangt die Fähigkeit zur Findung großer Themen. Seit Aristoteles nennen wir das Topik – nach dem Ort, Topografie, wo man

Inhalte sucht. Und es verlangt Mut. Und es verlangt den Blick über den eher flachen Realalltag hinaus.

Vielleicht klagen wir zu Recht. Sehen wir nur einen der wenigen Nationaldichter der letzten Jahrzehnte an, sehen wir, was wir vermissen: Wolf Biermann. Ich jedenfalls vermisse die Wucht seiner Themen, nehmen wir nur mal die deutsche Dreiteilung (»Und überhaupt ist ja zum Schrei'n – der ganze deutsche Skatverein«), oder die Mischung mit Blut (»So mancher warf sein junges Fleisch in Drahtverhau und Minenfeld. Durchlöchert läuft der Eimer aus, wenn die MPi von hinten bellt.«). Suchen wir das mal in heutiger Literatur.

Es scheint, als ob satte Gesellschaften eher nicht so hoch fliegen können. Irgendein Betreuungsgeld, ein Ehegattensplitting, das waren lange deutsche Themen. Aber auch am grünen Ende ist es kaum anders. Selbst die »Operation Dosenpfand« (»Der Spiegel«) konnte keine rechte Flughöhe gewinnen.

Unabhängig von den dringenden tagespolitischen Themen müsste es doch in der Politik große Themen geben. Die Ruck- und andere Reden deutscher Präsidenten suchen ja angeblich nach hochfliegenden oder wenigstens relevanten Themen. Die verzweifelte Suche nach Flughöhe treibt Stil- und andere Blüten. Weil wir nur sprachlich nach Höhe suchen.

Ich saß in einer Frankfurter Hotellobby einem alten Bekannten gegenüber, der behauptete, er habe dem Bundespräsidenten Christian Wulff – als sein Mediencoach! – einen berühmten Satz ins Manuskript geschrieben. Es ist dieser Satz, über den seit vielen Jahren jeder schier aus dem Häuschen gerät. »Der Islam gehört zu Deutschland!« Das ist Unsinn; Cora Stephan hat darauf aufmerksam gemacht. Ein eigenes Rechtssystem, das dem Bürgerlichen Gesetzbuch zuwiderläuft, gehört nicht zu Deutschland. Menschen islamischen Glaubens allenfalls. In dem Versuch, Flughöhe zu gewinnen, scheiterte dieser Präsident.

Gauck schien da um einiges besser zu sein. Aber manches von dem ist uns auch nicht immer so recht und politisch korrekt. Seine Story vom palästinensischen Kind, das 17 Liter Wasser hat, und sein jüdischer Nachbar 70, zum Beispiel. Aber auch hier, typisch deutsch, hat jemand nachgerechnet, dass die Zahlen nicht so ganz stimmten. Nur fast. Dass aber das Ganze stimmt, Thema und ethische Dimension, darum ging es nicht.

Das wurde fast schlagartig anders im Sommer 2015. Die Flüchtlingskrise war plötzlich das Thema. Die Bundeskanzlerin identifizierte das Thema als ihres, setzte sich auf die Lokomotive und brauste davon. »Wir schaffen das!«, dieser Satz wurde sofort abgestraft, noch bevor sich herausstellte, dass er tatsächlich erklärungsbedürftig war. Das Hasenfüßige ihrer Gegner hat keinen Sinn für Flughöhe. Der Satz hat Europa ins Wanken gebracht. Aber das Problem des Satzes war nicht seine Flughöhe, sondern sein fehlender Zugang. Kein Mitnehmen, keine Führungswirkung sozusagen. Die Flughöhe stimmte aber.

Noch ein Beispiel aus der angelsächsischen Welt gefällig? Das entscheidende Geheimnis der Kennedy-Rede in Berlin vor über 50 Jahren heißt: Mitnehmen des Publikums auf Höheres. »Ich fordere Sie zum Schluss auf, den Blick über die Gefahren des Heute hinweg auf die Hoffnung des Morgen zu richten, über die Freiheit dieser Stadt Berlin und über die Freiheit Ihres Landes hinweg auf dem Vormarsch der Freiheit überall in der Welt, über die Mauer hinweg auf den Tag des Friedens mit Gerechtigkeit.« Und wieder: Flughöhe, *altitude*. »Aber wenn der Tag gekommen sein wird, an dem alle die Freiheit haben und Ihre Stadt und Ihr Land wieder vereint sind, wenn Europa geeint ist und Bestandteil eines friedvollen und zu höchsten Hoffnungen berechtigten Erdteiles, dann, wenn dieser Tag gekommen sein wird, können Sie mit Befriedigung von sich sagen, dass die Berliner und diese Stadt Berlin 20 Jahre die Front gehalten haben.«

Sehen wir ins profane Business, mit Gebrauchsreden und Gebrauchsantworten. Im Executive Modus müssen auch schriftliche Statements sein, zum Beispiel für Aktionärsbriefe.

Fanelli, Misangyi und Tosi zeigten in einer Studie an über 400 solcher Äußerungen, dass Entscheidungen von Wertpapieranalysten wesentlich von einem CEO mit Flughöhe abhängen. Je mitreißender und visionärer Argumentation und Sprache sind, desto positiver fallen Analystenurteile aus. Und sie konnten nachweisen, dass in den meisten Fällen das Urteil nachhaltig bleibt: nicht nur überredet, sondern überzeugt. Das Gegenteil nannten sie in ihrer Studie den »flachen« Auftritt. »Flat curve«, sagte einer der Forscher der Studie: keine Flughöhe.

Das tägliche routinierte Managen aus geringer Höhe ist eher auf der linken Seite des Spiels anzusiedeln. Auf der rechten Seite, im Executive Modus, ist diese Aufgabe der Führungswirkung oft einfach nur Störung. Auch das verlangt nach großen Themen.

In einen Rahmen setzen

Von Flug- oder anderer Höhe zu sprechen, das verwendet eine Raum-Metapher. In der Tat ist alles, was wir hören und sprechen, auf größere Räume hin angeordnet. Räume sind wie Rahmen, in die man seine Worte und Ziele hinein setzt – und Zuhörer tun es ebenso. Wirkungsorientierte Politiker benutzen Deutungsrahmen. Auch Sie sollten was Sie sagen wollen, in einen Rahmen einpassen. Entscheidend: Der Rahmen muss größer sein, als das, was man sagen will.

Solche Rahmen, in der internationalen Forschung sind Frames schon Gemeinplatz, beeinflussen die Deutung – und verleihen einen weiteren, oft auch moralischen Sinn. Wie funktioniert die Einrahmung von Sprache, und warum funktioniert das überhaupt?

Elisabeth Wehling von der Berkeley Universität hat dieses Phänomen belegt. Der Hintergrund: Worte haben nicht die eine Bedeutung – sondern unterliegen Deutungen. Solche Deutungen erfolgen immer in Bezug auf etwas anderes. Das ist der Rahmen. Diese sprachlichen Frames lenken die Deutung des Gehörten.

Frames speisen sich aus zwei Dingen: erstens aus Bewegungsabläufen, Raum, Zeit, Dimension. Und zweitens aus unseren Erfahrungen, die abgerufen werden können, wann immer geeignete Begriffe erscheinen. Das ist eine enorme Leistung: Sprache lässt sich hebeln, sobald ein Rahmen aktiviert wird. Es kommt etwas Bedeutendes hinzu: Wir denken etwas hinzu, das gar nicht gesagt war. Elisabeth Wehlings Beispiel ist die Erwähnung »ein Vogel am Himmel«: Wir sehen einen Vogel mit aufgespannten Flügeln, das letztere aber war gar nicht gesagt! Wer solchermaßen hebelt, kann effizienter sein. Weil Führung wesentlich durch Sprache geschieht, betrifft das Führungswirkung ganz unmittelbar.

Wir simulieren nicht nur das Gesagte, sondern den Rahmen mit. Für TV-Moderatoren, die ich lange vorbereitet habe, ist die Anmoderation nichts anderes als ein Rahmen, in den der Beitrag gesetzt wird. Wird Erstaunliches oder Entsetzliches angekündigt, wirkt der folgende Inhalt umso erstaunlicher oder entsetzlicher. Wird der Rahmen weiter aufgespannt – globale Trends zum Beispiel fallen Moderatoren gern ein – wirkt eine Begebenheit aus Castrop-Rauxel größer. Wird jemand als der Umstrittene angekündigt, sinkt augenblicklich seine Glaubwürdigkeit; er kann dann sagen, was er auch will.

Das alles hat Konsequenzen für Ihre persönliche Wirkung: Sprechen Sie den großen Rahmen mit an, erreichen Sie mehr. Begriffe wie »an einem gedeckten Tisch sitzen« aktivieren einen Rahmen, Worthülsen wie »verstärkte strategische Zukunftsanstrengung« aktivieren gar nichts.

Ein Ausbrechen aus der Wirkung von Frames ist fast unmöglich. Widersprechen nützt nichts. Der Rahmen ist allgegenwärtig, weil er »gemein« (common) ist – und deshalb für jedes »Kommun«-izieren so wertvoll. Die Frame-Forschung hat in Äußerungen von Politikern ein wiederkehrendes Vorgehen herausgearbeitet. Rückbesinnungen auf Werte, also ein In-den-Rahmen-setzen politischer Ziele, macht den Erfolg politischer Rede wesentlich aus. Wahlkämpfe werden mit Rahmen gewonnen, Change, Schröders »Modernität«, Merkels Gemeinsamkeits-Formeln und ihre Deutschland-Stolz-Argumentationen, das alles sind Frames. Setzen Sie ebenso etwas, wovon Sie überzeugen wollen, in einen Rahmen.

Jetzt lassen Sie uns fragen: Welche Eisenkugeln halten Sie am Boden fest, auf der linken Experten-Seite? Danach reden wir darüber, was uns in den Executive Modus bringt.

3 Was uns unten festhält – Die linke Seite der Führungskommunikation

Nassim Nicholas Taleb zeigt uns in *Der Schwarze Schwan* zwei Typen: Fat Tony und Dr. John, den Nerd. Der erste kommt vom Ganzen, der andere lässt sich immer wieder unten fixieren. Beide sind erfolgreich, aber nur der eine im entscheidenden Fach Führung. Dr. John, schmal, karg, hat recht, seine Fakten sind vollständig, seine Charts übervoll. Dr. John ist überall, und er wird auch überall gebraucht. Fat Tony geht aufs Ganze, er schaut von oben, er denkt vom Ziel her. Er achtet weder auf seine Figur noch auf vieles andere, was uns heilig ist. Fat Tony schafft mehr.

Falsches Mindset

An einer Kreuzung stehen zwei Polizisten. Sie unterbrechen ihren Plausch, als jemand sie nach dem Weg fragt, erst in Deutsch, dann in Englisch, schließlich in Spanisch. Der Mann bekommt keine Antwort und geht kopfschüttelnd davon. Der eine Polizist sagt zum anderen: »Hast du gehört? Der konnte drei Sprachen.« Der andere sagt: »Und? Was hat's ihm genützt?«

»Neuer CEO verstolpert seinen Start«, schreibt eine Zeitung, und mitten im Artikel dann das: »Er jedenfalls ist ebenfalls umstritten: So gilt der ehemalige Bankmanager nicht gerade als eleganter Redner. Zur XY Bank kam er zunächst als Risikovorstand und wurde später Finanzchef …« Es gab zwar keinen beweisbaren Zusammenhang zwischen Managementleistung, Spezialgebiet und Rhetorik, aber dieser wurde hier dennoch stillschweigend unterstellt.

Der Stolperer sah offenbar das Produkt oder die Idee selbst als *selling point* an. Verlass dich drauf, es wird schon gehen. In der Bibel heißt es: »Denkt nicht nach, was Ihr zu sagen habt; es wird Euch eingegeben werden«. Im Business gelten andere Regeln. Man kann sich auf die »Eingabe von oben« vielleicht bei weniger wichtigen Dingen verlassen. Wir sollten das aber besser nicht in Bezug auf Dinge, die über unsere Wirkung entscheiden. Der den Start verstolpert hat, war im Modus des Experten.

Faktenhuberei

In vielen Coachings mit erfolgreichen Menschen, die nach Wirkung streben, findet sich immer wieder ein Muster: Fast alle kommen von den Details her, aus einer unteren Argumentationsebene. Mehr oder weniger alle argumentieren genau so, wie sie erzogen wurden, von unten heraus, aus der Tiefe des Raumes. Wir Deutschen stapeln in den Inhalten tief. Wir holen unsere Argumente aus dem Maschinenraum oder aus dem Keller – den gibt es ja in amerikanischen Häusern nicht. Wir heben Kisten voller Schrauben und Muttern, Tabellen und Fakten. Der Prototyp ist der Vorstandsassistent, der immer die beiden Pilotenkoffer schleppt. Irgendwann wird er Vorstand sein. Aber nur, wenn er in den Executive Modus kommt.

Experten und Akademiker – und besonders Deutsche – argumentieren zu oft flach: »Ich möchte noch einige Punkte erläutern«, »Ich will die Gelegenheit ergreifen, ein umfassendes Bild zu geben«, tief ins Detail. Wir sammeln, möglichst vollständig. Wir argumentieren von unten heraus, mühselig und beladen. Vollständige Wahrheiten sind das Ziel.

Reden wie ein Brief

Wer Kinder in eine deutsche Schule schickt, kennt das: Melde dich nur, wenn du alles weißt. Und formuliere hochsprachlich! Wie im Aufsatz. Wir bringen die Komplexität unten aus dem Keller mit und gehen dafür mit der Sprache hoch hinaus. Das Inhaltsschwere wird – wie zum Ausgleich – kompliziert ausgedrückt. Eine tödliche Mischung. »Hochdeutsch« heißt die zweite heimliche Obsession der Deutschen und der Fachidioten zumal. Sie steht umgekehrt zum Argumentieren aus der Tiefe. Darin verheddern wir uns regelmäßig. Beobachten Sie einen Menschen, der – ganz authentisch – einfach aufstehen soll, um ein paar Worte zu sagen. Er redet schriftdeutsch und langsätzig. Unter Beobachtung, und das ist der Normalfall in heiklen Führungssituationen und erst recht in der Öffentlichkeit.

Sie lesen einen Redetext, und sofort denken Sie: Jemand hat einen Brief geschrieben! Ich sehe bei meinen Klienten aus dem Spitzenmanagement, dass viele im Kopf Briefe formulieren und rezitieren. Fast so, als sagten sie: »Sehr geehrte Damen und Herren, Bezug nehmend auf Ihr Schreiben vom Soundsovielten«. Am Ende liest man fast mit: »Mit freundlichen Grüßen, Ihre Claudia X.« Kommunizieren heißt hier zuerst schreiben. Der Schreibstil ist höher, anspruchsvoller als der mündliche. Und auch das lernen Kinder in deutschen Schulen: »Antworte im ganzen Satz!«

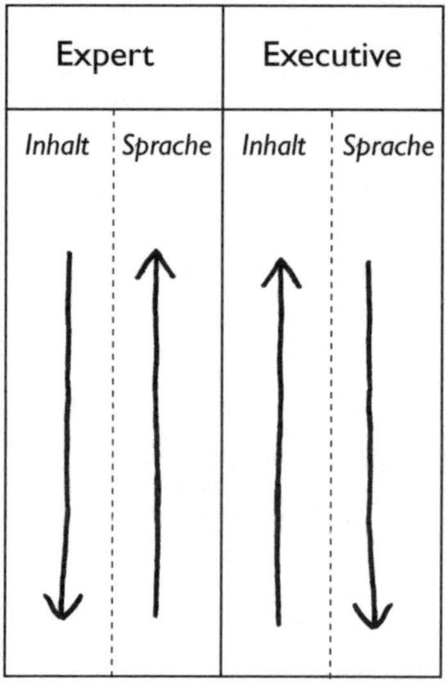

Bild 3.1 In der falschen Richtung erzogen

Bild 3.1 zeigt: Inhalt und Argumente von unten – und Sprache von oben, damit bleibt man in der Tür hängen. Auf den Punkt gebracht: Argumente zu tief – Sprache zu hoch. Wir sind komplementär zum Wirkungsmodus erzogen worden: Vollständigkeit und Widerspruchsfreiheit im Inhalt und gehobener Stil der Sprache sind unsere Tugenden. Das Business ist das Abbild der Erziehung und der Stellenbeschreibung des Experten, und es passt zur übrigen deutschen Erziehung. »Sprich im ganzen Satz!« »Melde dich nur, wenn du es ganz genau weißt!« Damit sind Sie weit gekommen. Aber irgendwann ist Schluss: Sie erleben, dass Sie überstimmt werden, dass Sie gar nicht mehr dazu kommen, Ihre Wahrheit in ganzer Komplexität auszubreiten, weil jemand anders die wirkungsvollere Aussage parat hat. Wir sollten das Ganze herumdrehen. Das ist plakativ, aber es muss sein. Es ist auch in diesem Punkt Zeit, die Seiten zu wechseln.

Sie könnten sich fragen: In welchem Film bin ich? Die Antwort könnte heißen: Sie spielen den Hänsel oder die Gretel und suchen die Brotkrumen, während längst Hamlet gespielt wird: Sein oder nicht sein. Sie sind links, während rechts längst ein Blockbuster spielt. Sie handeln wie ein Experte, sollten aber längst auf dem Weg zum Executive Modus sein. Und dann können Sie fragen: Was verschafft mir eigentlich Wirkung?

4 Was uns Wirkung verleiht – Die rechte Seite der Führungskommunikation

Jenseits der Einzelteile

Kommen wir noch einmal zu dem Beispiel des verstolperten Starts aus dem vorigen Kapitel. Der erwähnte CEO spielte im falschen Film; er war im falschen Modus. Auf der falschen Seite, auf der linken. Lassen Sie uns auf die rechte Seite gehen, wo es um Wirkung geht.

Es gibt Punkte, man nennt sie heute nach einem Bestseller gern *tipping points*, an denen schlägt etwas um, gerät in einen anderen Modus. Seit Hegels Dialektik wissen wir, dass so eine neue Qualität entsteht. Eine Quantität verändert sich kontinuierlich, aber von einem Moment an entsteht eine andere Qualität, etwas wird nicht nur irgendwie mehr oder weniger, sondern grundsätzlich anders. Wir können das beobachten, wenn zwei Menschen sprechen, die wir miteinander vergleichen können, sagen wir, nacheinander auf einer Strategiekonferenz. Der eine erreicht mehr, weil er mehr gibt, besser vorbereitet ist.

Was ist das? Es ist nicht die Stimme, es ist nicht irgendein Akzent oder ein Sprechtempo oder »Körpersprache«; es ist oft vieles von diesen Punkten. Er ist nicht nur irgendwie besser oder einfach schneller. Er hat sich aus dem Festhaltenden befreit. Und das oft scheinbar ganz gelassen. Er hat weit mehr Wirkung mit dem, wie es gesagt, angedeutet oder geschwiegen ist. Die so sprechen, haben nicht nur mehr Führungswirkung erreicht; sie haben sehr viel mehr erreicht. Das ist eine andere Qualität, ein anderer Modus.

Dieser Modus muss mit dem Kopf beginnen: *mindset prior capability*. Ich habe als Sprechlehrer angefangen, erst als Stimm- und Sprachtherapeut, dann am Theater. Dort beginnt man von »unten«, bei einzelnen Bausteinen: Erst wird Atmen geübt, dann Ton, dann Stimmklang, dann »Mond« ausgesprochen, schließlich »Der Mond ist aufgegangen« und so weiter, nach einer Pointierung meines Doktorvaters Hellmut Geissner. Das kann man lange tun – aber schon bei Fernsehmoderatoren klappt das nicht mehr: Ich habe das anfänglich in der ARD/ZDF-Fortbildung mit mäßigem Erfolg praktiziert. Richtig gut ging es erst in umgekehrter Richtung.

Es ist der Weg von unten nach oben, vom Atmen zum Sinn. Auf diesem Weg arbeiten Sie Module ab, in der Hoffnung, dass der große Groschen fällt. Dieser Weg zeitigt keine nachhaltigen Erfolge, keine durchschlagenden, wie man so sagt. Nur für diese aber sollten Sie zu haben sein, schon allein, weil die Zeit fehlt. Sonst schaffen Sie es nicht in den Wirkungsmodus. Es bringt Ihnen wenig, von unten nach oben – wie im Mond-ist-aufgegangen-Beispiel – einzelne Fähigkeiten der Führungswirkung nacheinander aufzusammeln, ein Seminar Körpersprache, eines zu Schlagfertigkeit ein halbes Jahr später, oder, wenn's etwas moderner sein darf, ein Resilienz-Modul an einer Business-Hochschule.

Man muss es umdrehen und mit dem Kopf beginnen: Deshalb besteht der richtige Modus eigentlich aus zwölf Mindsets, zu denen zwölf praktische Taktiken gehören.

Was verleiht uns Wirkung? Das Wissen, dass wir eines haben: Wissen über die Rolle und Sicherheit im Umgang mit ihr.

Es scheint manchmal irrelevant zu sein, ob Auftrittswirkung aus Erziehung, Talent, Zuwendung in der Kindheit, Bildung oder wer weiß was herrührt, oder ob das Phänomen in einer Business School oder in Coachings oder in Trainings erworben ist.

Die Rolle verkörpern

Was verleiht uns Wirkung? Dass man sie spürt, sieht und fühlt! Führung will repräsentiert sein. Das ist kein Ergebnis irgendeiner »Medienwelt«; das war schon immer so. Mit den Executives früherer Zeiten wurden Umzüge und Feste ausgerichtet, sie standen auf Hügeln, winkten aus Kutschen, was immer. In Ihrem Fall sind es Events jeder Art, in die Sie geraten, oft auch Video-Botschaften oder alle Äußerungen, Statements auf Konferenzen. Oder einfach viele, viele Gespräche. Was es auch immer ist: Regelmäßige Auftritte erzeugen Kontinuität. Das betrifft nicht nur die großen Auftritte nach außen. Zeigen Sie sich, gehen Sie so oft wie möglich in Kantinen, bleiben Sie stehen, grüßen Sie, zeigen Sie Kontakt. Haben Sie ein paar freundliche Worte parat, und zwar für jeden. Verkörpern Sie Führung, verkörpern Sie, was Sie sagen wollen!

Jede Botschaft muss verkörpert werden, weil sie erst als Aktion so richtig durchschlagend wirken kann. Sie wirken mit Potenzial, wenn Sie es zeigen, es muss durch Sie hindurchgehen. Das ist einer der Gründe, warum Sie noch so viele Bücher lesen können und noch so viel auf Papiere und Charts schreiben können. Am Ende ist jeder Auftritt ein körperlicher, einer, der den Raum füllt, real oder medial. Sie müssen es einfach machen! Herminia Ibarra nannte deshalb ihr wunderbares Buch *Act Like a Leader, Think Like a Leader* – in dieser Reihenfolge.

Draufblick gewinnen

Vorbereitungsprozesse von Reden und Antworten unterstützen oft nicht den Überblick. Chart-Präsentationen zum Beispiel werden oft unklug hergestellt: Man reiht Vorhandenes aneinander und schaut dann mal. Die Papiere werden dicker. Und das ausgerechnet dort, wo es keiner braucht. Das zieht Sie auf die linke Seite.

Mehr Masse, das muss einfach auf die Performance der Darsteller abfärben: Sobald Papiere schon vorhanden sind, ist das Grab geschaufelt. Immer ist schon irgendetwas da, ob Text oder Bild. Man muss dann mühselig auf den Kern zusammenstreichen. Erst Plan und Draufblick, dann Details; so ist dieses Buch entstanden. Draufblick, viel Platz, viel weißes Papier, eine einfache Gliederung, handschriftlich. Wunderbar. Die Gliederung ist noch jetzt fast so wie am ersten Tag.

Wir verschaffen uns Wirkung durch Draufblick. Den schaffen Sie durch eine Auswahl der Themen, über die Sie sprechen. Sie sollten das höchste Thema bespielen, das alles auf den Punkt bringt. Wenn Ihr Team etwa viele Details bearbeitet, fragen Sie nach dem Warum, sortieren Sie es ein.

Auf einen Berg hinaufzulaufen dauert, aber es lohnt sich. Was Sie dann sehen, entschädigt für jede Mühe. Und es spart eine Menge Zeit. Draufblick bedeutet: Man sieht die Spitze zuerst. Man kann oben leichter Wesentliches erkennen.

Draufblick reduziert Komplexität. Wie in der Sage vom Gordischen Knoten, wer will, kann sie bei Plutarch nachlesen: Ein Orakel sagte, dass die Herrschaft über Asien nur jemand erreichen kann, der einen scheinbar simplen Knoten lösen kann. Eines Tages kam ein armer Bauer namens Gordius auf einem Ochsenwagen auf den Hauptplatz von Phrygien. Ohne dass der Bauer etwas davon ahnte, hatte ein Orakel der Bevölkerung vorhergesagt, dass ihr künftiger König auf einem Wagen kommen würde, Gordius wurde zum phrygischen König ernannt. In Dankbarkeit weihte Gordius seinen Wagen dem Gott Zeus, zwischen Joch und Deichsel des Wagens knüpfte er den komplizierten Knoten. Im Frühjahr 333 vor Christus war Alexander mit seiner Streitmacht nach Persien unterwegs. Der »Große« sah die Sache vom Ziel aus. Und von dort, vom Großen her, gab es nur eins: den Knoten mit einem Schwert durchschlagen.

Und wir sind wieder beim Führen und Managen. So wie Alexander geht es den Großen. Lange wird in dieser oder jener Kooperation alles versucht, mit allerlei Kleinkrieg, mit Intrigen und unendlichen Abstimmungen. Irgendwann springt einer auf und sagt: »Wir kaufen das ganze Ding!« Und das löst den Knoten. Oder auch: »Wir verkaufen das ganze Ding.« Heute würde man Alexander das Etikett *executive sophistication* geben. Für den Begriff gibt es nichts Deutsches, allenfalls gewandt, erfahren, raffinert, eine praktische Art von Schlauheit. Sie entsteht durch Draufblick.

Von einem Punkt aus denken

Schauen wir die Herkunft vieler Executives an. Betriebswirte, Juristen, Volkswirte – in manchen Branchen Ingenieure, in anderen wieder Biologen, Chemiker und Mediziner. Sie waren allesamt Experten. Nicht falsch verstehen: Das Problem ist es gerade nicht zu viel Wissen, das ist ja hilfreich, sondern der Wunsch, es auszubreiten. Es fehlt Konzentration, ein Punkt, von dem aus man Führungswirkung bündeln kann. Das muss ein Zielpunkt sein; wie in der zehnten Taktik beschrieben.

Die meisten Manager geben an, was sie alles tun, an wie vielen Hebeln sie gedreht haben, wie viele Analysen sie bestellt haben, wie lange sie abends gearbeitet haben, wie sehr sie die Familie vernachlässigt haben. Aber es gibt eine kleine Gruppe, die pointiert, indem sie Fragen stellt. Die Frage aller Fragen heißt zum Beispiel: Was kommt raus? Die mit solcher Flughöhe Versehenen beantworten die Fragen meist auch noch. Es sind die, die den größten Respekt genießen. Wie die Frau im nächsten Beispiel. Das handelt davon, wie man sich Respekt dadurch verschafft, die Dinge auf den einen wichtigen Punkt zu bringen. Es geht um Treffsicherheit. Vor allem kategorische Fragen sind gefragt, zum Beispiel: Worüber reden wir eigentlich? Und warum überhaupt?

Wir standen um einen großen Tisch in der Zentrale eines Technologieunternehmens. Es war schon spät, wir wollten längst probieren: Was sind die ersten Worte, wo steht die Akteurin? Wie kommt sie rein, welche Charts zeigt sie wann? Sie ist eine der leider wenigen Frauen im deutschen Spitzenmanagement, sie hatte am nächsten Tag einen Vortrag. Immer mehr Papier, gleich zwei Redenschreiber, ein Stratege, eine Agentur, aber alles drohte im Detail zu versinken. Das kennen Sie, wenn Sie Großunternehmen kennen.

Ein kreatives Meeting ohne jede Hierarchie, jeder trägt seines bei. Das ist ganz wunderbar. Aber dann an jenem Abend kam die Hauptdarstellerin des kommenden Tages, die Vorstandsfrau, sie stellt die Frage des morgigen Tages: »Warum gehe ich da eigentlich hin, und was wollen wir von denen?« Betretenes Schweigen. Ein oder zwei Berater murmelten etwas von »Botschaften«. Aber es war zu sehen: Niemand hatte einen Plan, keiner eine präzise Aussage, in welchem Film gespielt wird. Ausgerechnet die Akteurin, das wäre Sache der Berater gewesen, hatte auch gleich die Antwort: »Bevor das nicht klar ist, gehe ich nicht hin.« Die Pointierung hatte es ans Licht gebracht. Am Ende wurde alles abgesagt, und es war gut so. Gar nicht dabei zu sein war besser als eine Frau mit einer Tüte voll Charts und »Botschaften« – aber im falschen Film. Nebenbei hatte sie selbst an Wirkung gewonnen – durch die eine Frage, die alles auf den einen Punkt bringt.

Sie haben schon die Erfahrung gemacht, dass Sie Probleme erst lösen konnten, als Sie sie kondensierten, auf einen Punkt konzentrierten, sodass Sie das Ganze ansehen konnten. Erst dann können Sie entschlossen handeln. Erst das Kondensat ist überschaubar.

Persönlich überzeugend sein

Die Not der Orientierung ist dort am größten, wo Daten angeblich für sich selbst sprechen. Das tun sie nämlich nie. Zahlen sind quasiobjektiv, denkt man, aber sie werden interpretiert von Menschen, die sie aussprechen. Die Qualität des Managements entscheidet über den Unternehmenswert mit. Charisma ist Kapital. Wir wissen, wie sehr Analysten und Fondsmanager nicht nur nach Studium von Charts entscheiden – sondern nach Nase: Köpfe machen Kurse. Auch dahinter scheint das 2500 Jahre alte *vir bonus* der alten Rhetorik durch: Der Kopf und nicht die Botschaft entscheidet. Kommunikator ist derjenige, dem ich glauben kann. »Gehen Sie zur Hauptversammlung. Schauen Sie sich die Vorstände an und fragen Sie sich: Würden Sie von denen einen Gebrauchtwagen kaufen? Wenn ja. Dann kann man da bleiben«, sagen Aktionärsschützer. Was einer der Wahlkampfslogans gegen Richard Nixon war, eine kategorische Frage nach Glaubwürdigkeit, gilt offenbar immer: Würden Sie von der oder dem einen Gebrauchtwagen kaufen?

Parkettfähigkeit zeigen

Führungskommunikation nutzt die Oberfläche, ob wir das wollen oder nicht. Es ist das, was Headhunter suchen und manchmal gefunden zu haben meinen. Ob jemand im Executive Modus ist, zeigt sich in der Art des Auftritts. Ein paar Phänomene: Aufsichtsräte fragen gelegentlich nach dem, was man

Parkettfähigkeit nennt: Können wir den dort hinschicken, kann der sich benehmen, hat der Stil? Das meint auch Dresscode, wozu es eine Beratungsindustrie gibt, mit Plattformen wie memberofthe55.com. Und weiter: Kann er sich auf dem Parkett bewegen, schafft er vielleicht sogar Wert – oder vernichtet noch Wert – als *unguided missile*? Und bleibt er in der Spur, wenn er uns dort repräsentiert?

Entschlossenheit zeigen

Unsere Erfahrung zeigt: Wir wollen immer zwei Dinge: Sympathie und Respekt – die beiden Zentralparameter. Was ist wichtiger? Beides ist wichtig, wir neigen zu dem, was wir menschliche Wärme nennen. Organisationen brauchen auch das – aber Respekt scheint noch wichtiger zu sein. *Competence prior warmth* ist das Ergebnis einer empirischen Studie, Kompetenz vor menschlicher Wärme. Das klingt hart, aber zunächst: Wie entsteht Respekt? Erstens durch unterscheidende Kompetenz. Forscher der Universitäten Princeton und Harvard haben mehrere Studien durchgeführt zur Wirkung von Eindrücken. Sie nennen ihre Methode das »Stereotype Content Model«. Der Hintergrund war: Gruppen von Menschen werden nach vielen Eindrücken beurteilt – und nach hergebrachten Schubladen. Es sind eben Stereotype, Vereinfachungen: Deutsche sind pünktlich, Italiener sind Genießer, Farbige sind empathisch – sie hatten tatsächlich dieses Beispiel. Diese Stereotype ermöglichen Heuristiken, schnelle Orientierungen. Hinter den Stereotypen stehen Kriterien. Die am meisten unterscheidenden Kriterien waren in den betreffenden Studien: Wärme und/oder Kompetenz. Danach begannen sie ihre Untersuchung.

Die meisten unserer Eindrücke sind ambivalent, mit einer Neigung nach einer Seite: entweder sehr warm und wenig kompetent oder wenig warm und sehr kompetent. Die Forscher wollten aber wissen: Was ist es in Reinkultur? Welche Folgen hat es, wenn die einen als sehr warm, die anderen als sehr kompetent wahrgenommen werden? Es kam bei den Studien heraus, dass menschliche oder soziale Wärme nicht förderlich für beruflichen Erfolg ist. Das muss man erst mal verdauen. Kompetenz vor Wärme.

In ähnlichen Studien von Amy Cuddy und anderen zeigte sich, dass das Verhalten von Studierenden gegenüber anderen Studierenden, mit denen sie eine Lerngruppe bilden sollten und die anhand von Wärme und Kompetenz unterschiedlich beschrieben wurden, ebenso war: Die größte Wirkung erzielten die Personen mit geringem Grad an Wärme. Daraus kann man umgekehrt nicht sicher schließen, dass kaltherziges Verhalten hilfreich ist, wenn man einen wirkungsvollen Eindruck anstrebt. Aber in Erwägung ziehen kann man es. »Kaltherzig« sollten wir durch »entschlossen« ersetzen.

Solche Ergebnisse darf man nicht missverstehen, Gefühl und Härte, beide sind nötig für Führungswirkung – beide nur in verschiedenen Situationen. Die Kunst besteht darin, die Mischung zu steuern. Empathie zeigen ist nötig. Das heißt nicht, dass Sie Prinzipien lockern sollten – oder dass Sie Ziele fallen lassen sollten. Verständnis haben oder zeigen ist das eine, akzeptieren ist etwas anderes, das sollten Sie trennen und immer wieder deutlich aussprechen. Entschlossen müssen Sie sein, bei aller Empathie. Für sichtbare Entschlusskraft gibt es das alte jiddische Wort *Chuzpe*. Man geht hin, man macht es einfach, man traut sich, wo andere zögern. Solche ganz sichtbare Entschlossenheit kann andere mitnehmen. Sie machen es dann ganz einfach. Sie haben den Mut und tun es, und wirkungsvoller als mancher andere.

Distanz erzeugen

Kommunikation, Zusammenkommen, das könnte uns einem Irrtum aufsitzen lassen. Wir verwechseln es manchmal mit Nähe. Wir suchen Freunde durch Anbiederung, in Gehabe, in Kleidung und in Gesten. Wir suchen vermeintlich Akzeptanz. Wir fordern offenbar deshalb manchmal dazu auf, sich allzu sehr zu nähern. Das ist richtig, bis zu einem gewissen Grad. Die Suche nach Nähe ist menschlich, wir versichern uns des Konsenses. Wir können Nähe schaffen durch Äußeres oder auch Handlungen und Gewohnheiten. Bis zu einem gewissen Grad gelingt das auch. Aber wie alles muss auch das Grenzen haben.

In Bezug auf die Auftrittswirkung und sogar in manchen Führungsaufgaben kann Nähe zum Problem werden. Wenn es zu viel davon gibt. Fast alle Rollen verlangen immer auch nach einer Portion Abstand, vor allem Führungsrollen. Flache Hierarchien verringern Distanz: Flache Hierarchien zu wollen ist manchmal nur ideologischer Popanz. Ein Mindestmaß an Distanz bleibt eine der Voraussetzungen für Wirkung von Führung. Distanz trifft es nicht ganz, und für das englische *distinguished* gibt es keine Entsprechung im Deutschen, distinguiert klingt zu aristokratisch.

Führung findet auch auf einer Bühne statt. Raum entsteht durch Abstand. Und Abstand entsteht zum Beispiel auch durch Insignien. Das teure Hemd, der Maßanzug, die ausgesuchten englischen Schuhe oder bei Frauen das Kostüm, der teure Ring, all das sagt uns: Jemand kann sich etwas leisten. Jeder noch so kleine Brillant, jeder einzelne Manschettenknopf schafft professionellen Abstand. Er entfernt den Träger von sich selbst – und führt in die Rolle hinein. Diese Insignien schützen manchmal vor Kumpanei, und sie helfen, Distanz zu schaffen. Wer das ablehnt, den kann man fragen: Warum soll man sich anstrengen, wenn man es nicht zeigen darf?

Um in den Executive Modus zu kommen, sollten Sie *distinguished* sein: Sie sollten zu viel Kumpanei vermeiden. Die gute Nähe ist oft die Nähe aus der Entfernung. Bei wichtigen Entscheidungen ist Nähe sogar fatal. Die Lufthansa führte vor längerer Zeit eine Studie über Beinahe-Zwischenfälle durch. Erstaunlich viele wurden durch eine zu enge Beziehung der Cockpit-Besatzung begünstigt, immerhin 17 Prozent der untersuchten Zwischenfälle. Es gilt also, den Punkt zwischen Autorität und Laissez-faire zu finden, der die optimale Zusammenarbeit verspricht. Wenn Führungskommunikation intern Zusammenarbeit fördern muss, dann heißt das nicht, dass zusammenarbeiten bedeutet: »eng« zusammenarbeiten. Sondern so eng oder so fern, dass der wirtschaftliche Effekt am größten ist.

Noch einmal zur Studie aus der Luftfahrt: Man generiert einen idealen Wert. Denn ist die Differenz zu gering und die Nähe zu groß, wird die Produktivität gehemmt, und in beiden Fällen besteht das Risiko, dass fehlende Kritikbereitschaft die Idee des Mehr-Augen-Prinzips aushebelt, das sogenannte Monitoring. Jeder muss jeden beobachten, um Fehler frühzeitig zu erkennen. Zwei managen, aber führen darf nur einer. Der Kapitän muss in jedem Moment über dem Kopiloten stehen. Wenn nicht, gibt es Sicherheitsprobleme. Aber auch zu große Flughöhe macht höllische Probleme. Fliegt der Kapitän über den Kopf des Kopiloten, wird es kritisch. Ich habe drei Jahre lang Pilotenansagen trainiert; Jumbo-Kapitäne hatten, wie wohl oft klein an Statur, oft hohe Führungswirkung, Präsenz.

Das Hierarchiegefälle ist sogar lebensnotwendig – für die Kunden. Im Cockpit ist es das zwischen Kapitän und Erstem Offizier, es heißt das Trans-Cockpit-Gradient (Bild 4.1). Der Abstand zwischen Pilot und Copilot muss eine Mindestgröße haben. Bei Entscheidungen, die Sie nicht quasidemokratisch im Team treffen, sollte es ebenso sein.

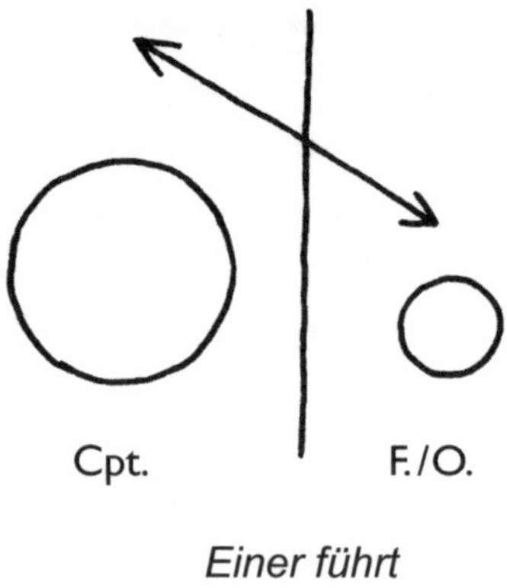

Bild 4.1 Trans-Cockpit-Gradient

Einen gemeinsamen Blick schaffen

Einmal zum Ursprung: Kommunizieren leitet sich aus dem *common* ab – weshalb *common ground* so wertvoll ist. Wer immer auch die anderen rhetorisch mit hineinnimmt, gewinnt schneller an Führungswirkung. Wer das auch noch ausdrücken kann, erst recht. Mit Gemeinplätzen gelingt das. Sie lesen richtig.

Kommunizieren, *common*, das heißt, etwas gemeinsam machen, gemeinsame Sache machen, andere unter etwas Gemeinsamem versammeln. Sich gemein machen. Wer das ernst nimmt, hat schon das Wichtigste verstanden. Die angelsächsische *business rhetoric* geht auch hier mutiger vor. Nichts geht ohne *common ground* an den Mann: Die wörtliche Übersetzung heißt, nicht erschrecken: »Gemeinplatz«. Was sind Gemeinplätze? Sätze, die jeder kennt, die allgemein bekannt sind. Solche Gemeinplätze sind wirkungsvoller, als wir denken. Selbst der Qualitätsjournalismus ist mit wirkungsvollem *common ground* gepflastert. Gabor Steingarts »*Handelsblatt* Morning Briefing« beginnt mit – oft abgewandelten – Gemeinplätzen.

Drei Beispiele: Es gibt zwei Gehälter, die interessieren jeden: das eigene und das des Chefs. Keine Rede ohne Widerrede. Schon das Androhen von Sanktionen zeigt Wirkung. Sehr wirkungsvoll ist genau das »man«, das uns die Deutschlehrer weggenommen haben (»Man will ja was erreichen«). Es macht gemein, und darum geht es. Beispiele kennen wir viele; sie wirken immer, und sicher: »Irgendwas ist immer«, »Wer friert, zieht sich was Warmes an, »Wer etwas anfängt, will es auch zu Ende machen« »Am Ende kommt es immer anders«, »Wer zuletzt lacht …«.

Find common ground – wenn so was ein Engländer tut, ist es großartig, dort wird es gefeiert. Deutsche dürfen das nicht. In meinem Buch *Rhetorik und Public Relations* gibt es ein ganzes Kapitel »zur Wiederkehr des Gemeinplatzes«, und ich bin dafür gescholten worden. Der Gemeinplatz hat im Deutschen einen schlechten Ruf. Da ist wieder dieses typisch deutsche Klischee: Wer gut redet, nicht nur Inhaltsschweres bringt, ist unredlich, kann inhaltlich nicht tiefgründig sein. Von einem richtigen Quantum an Gemeinplätzen lebt aber ein Vortrag. Damit kann sich jeder Zuhörer identifizieren, sie sind der nötige Schmierstoff jeder Rede, erlauben, zwischen Fakten durchzuatmen und sich mit dem Redner zu solidarisieren. Damit schaffen Sie die Basis für das Verstehen: Es gibt keinen einzigen Grund, warum gerade Sie es anders machen sollten.

Ein Stück vom Himmel zeigen

Ein Gemeinplatz, *common ground*, eignet sich für den Beginn jeder Äußerung.

»Man sollte nie den zweiten Schritt vor dem ersten gehen.« »Am Ende muss es passen.« »Lieber 80 Prozent heute als 95 in fünf Jahren.« Es gibt genügend Aussagen, an denen sich viele orientieren können, man muss sie nur parat haben:

Wenn man was macht, dann muss auch was rauskommen.
So ist es immer.
Man weiß ja, wo so was endet.
Am Anfang gehts immer zu langsam.
Alles zu seiner Zeit.
Niemand will schlecht behandelt werden.

Als Griechenland etwa zum zweiten Mal gerettet werden soll, im Sommerinterview 2011, gießt die Kanzlerin in einen *common ground*, was sie danach sagen will: »Da lässt man ja auch dann keinen alleine.« Man weiß ja nie, das kann man ja auch mal fragen. Es ist Erfolgsgeheimnis.

Nehmen wir als weiteres Beispiel die beiden längsten Tarifauseinandersetzungen der Republik: 2007 und 2008 hatte eine Serie von Streiks der Lokführer die Republik in Atem gehalten. Sieben Jahre später wurde das Stück erneut aufgeführt. Beide Male hatten die Hauptdarsteller aufseiten der Bahn fast dieselben Sätze, zu Recht. Es sind kategorische Aussagen: »Eine gute Lösung«, »Etwas, womit die Bahnkunden gut leben können«, »Ein Kompromiss, der allen nützt«. Unter *ein Stück vom Himmel* passt fast alles, viele konkrete Dinge, jede Verhandlungslösung. Das ist nicht ohne, Politiker gehen ja auch so vor. Sie sollten es besser machen und mit Konkretem aufwarten. Solche Aussagen beschwören und appellieren. Vor allem sind sie allgemein anerkannt und erzeugen deshalb Zustimmung: »Niemand von uns will umsonst an einem Bahnsteig warten. Das Wichtigste ist jetzt, dass die Züge wieder rollen … Am Ende werden wir den Bahnkunden nichts Schlechteres bieten. Bahnkunden wollen wissen, woran sie sind.« Diese Statements waren gerade deshalb erfolgreich, weil sie so allgemein sind.

Ein Blick auf die »Executives der Politik« zeigt uns die Wirksamkeit von Gemeinplätzen und Sätzen, die aus einem Stück vom Himmel gemacht sind. Steinbrück mit seiner Faktenrechthaberei und Merkel mit dem beständigen Beschwören von Gemeinsamkeit. Wer gewann? Das wissen wir. Und warum? Weil Flughöhe und Gemeinsamkeitschance höher waren. Wer sich solchermaßen ein Stück vom Himmel nimmt, hat gute Chancen, die anderen unter solche Sätze schlüpfen zu lassen. Sie gehören zum Portfolio, wenn Sie Zusammenarbeit organisieren und Freunde schaffen wollen.

Kategorische Sätze verwenden

In einem langen Winter war ich am Potsdamer Platz in Berlin nacheinander in zwei gegenüberliegenden Fünf-Sterne-Hotels. Die haben, wie so viele Hotels im Winter, eines gemeinsam: Sie sind kalt, wenn der Gast spätabends vom Flughafen kommt. Geschlagene drei Mal hab ich den jeweiligen Manager on Duty um eine Audienz im Zimmer gebeten. Dreimal dasselbe Muster in der ersten Reaktion: Zum Thermostat gehen und sodann eine technische Erklärung abgeben. Ebene eins. Ich sagte dreimal aus einer anderen Argumentationsebene: »Es geht nicht um das Thermostat, es geht darum, wie man hier mit Gästen umgeht.« Danach – schon eine Stufe kleiner, gab es allerlei »Erklärungen« aus der unteren Ebene, von denen ich nur zwei nenne: 1. »Das Personal hat es abgestellt.« Oder 2. »Der Gast vor Ihnen wollte 17 Grad.« Meine Repliken können Sie sich vorstellen, zu 1. »Das Personal tut, was der Chef sagt.« Und zu 2.: »Es gibt keine Gäste, die 17 Grad im Zimmer wollen!« Ober sticht Unter.

Meine drei Aussagen kommen aus einer Ebene, die über der Detailebene liegt. Beide Male sagte ich in diesem kleinen Reklamationsgespräch: »Wenn Sie Ihre Tante zu Besuch haben, dann schauen Sie, dass sie ein warmes Zimmer hat – aber für den Gast Ihres Fünf-Sterne-Hotels kann man da nicht sicher sein. Obwohl das Zimmer im Voraus bezahlt ist.« Auch das kam aus einer höheren Ebene.

Im Washington Hilton gibt es einen Mann an der Rezeption, groß, etwa Mitte 60, mit freundlichen Augen. Er hat viel gesehen, und vor allem weiß er, wie man mit Gästen umgeht. Ich beschwerte mich. Und er sagte in kurzen, einfachen Sätzen etwa das: »*Well*, Sie sind unzufrieden! Ich sehe das. Das ist nicht gut. Sie reisen ab. Ich kann nichts mehr für Sie tun. Ich bin John. Wenn Sie wiederkommen, fragen Sie nach John.« Sachlich gesehen war das Quatsch; ich komme vielleicht nie wieder und merke mir sicher nicht seinen wenig spektakulären Vornamen. Aber dieser Mann hatte verstanden. Und er wusste das auch auszudrücken, immerhin so, dass der Fall gut ausging. Seine Aussagen zielten auf Wirkung. Anders als die hilflosen Rechtfertigungen in den Hotels in Berlin. Besser war der mit der kategorischen Aussage. In Berlin war ich das, in Washington war ich das nicht, da war es John. Er kam aus einer Argumentationsebene, die das »Eigentliche« anspricht: Gast unzufrieden, das darf nicht sein. Das ist kategorisch.

Der Kollege im Washingtoner Hotel, bei dem sich schon viele Gäste beschwert hatten, hätte gewiss diesen oder jenen Umstand als Rechtfertigung vorbringen können. Er wusste aber: Es geht um Grundsätzliches. Da ist es popelig, mit Details zu kommen. Es ist popelig, dem Gast anhand des Thermostats beweisen zu wollen, dass er unrecht hat. Dieser Mann – und alle, die wie er handeln – kannte die Mechanik der drei Ebenen. Und ich bin mir ganz sicher, dass er heute noch dort arbeitet.

Kategorisch argumentieren bedeutet: für eine ganze Kategorie sprechend, aus der obersten Schublade, das bedeutet: radikal, ausdrücklich, entschieden, abgrenzend gegen andere Kategorien, entschlossen, fast absolut. Aber immer aus einer höheren Warte. Kategorisch beginnen viele Überzeugungsreden. »I have four words for you.« Das sagt der CEO eines amerikanischen Unternehmens in dem berühmten Auftritt auf einer internen Veranstaltung: »I – love – this – company! yeah!« Mit höchster

Legitimation: Tradition, Gesetz, Demokratie, Herkunft, ethische Regeln, oder eben Liebe, immer mit gottähnlichen Grundsatzaussagen, unter die möglichst viele andere Aussagen passen. Die kategorische ist die höchste Ebene, über der persönlichen und weit über der sachlichen Ebene der Fakten (Bild 4.2): Die sachliche ist die unterste Ebene. Darüber gibt es zwei weitere, auf denen mehr zu holen ist, am meisten in der dritten.

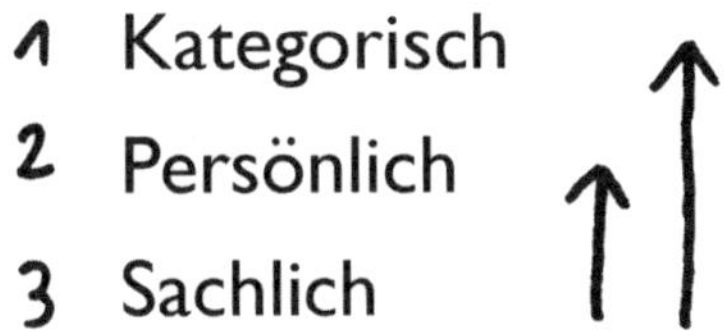

Bild 4.2 Ebenen der Wirkung

Das kommt Ihnen windig vor? Aber Kategorisches gibt es sogar in den Naturwissenschaften: Höhere, anerkannte Weisheiten – in der Mathematik heißen sie Axiome – sind immer starke Argumente. Es kann aber auch Charakterstärke oder Entschlossenheit sein, auf die Sie Bezug nehmen. Prinzipien und Werte etwa sind besonders wirkungsvoll. Je höher die Aussage hängt, desto wuchtiger kommt sie daher. Die Menschheit, Deutschland, Europa, Zukunft; wer vom Höchsten her argumentiert, gewinnt. Ein Beispiel: »Medizinische Versorgung« ist gut, aber Gesundheit ist höher. Gesundheit ist – auch – ein Wert, das erstere eine bloß technische Maßnahme.

»Ich saß in einer Garage und erfand die Zukunft«, sagte der Gründer eines Weltunternehmens. Wuchtiger geht es nicht, Kultmenschen geben Kultiges von sich. Oder Mozart. In dem Kinofilm *Amadeus* wird er kategorisch. Als er erfuhr, dass der Bischof findet, es seien »zu viele Noten« in der gerade aufgeführten Oper, sagte er, sie enthalte »genau so viele Noten wie nötig«.

Gabor Steingart sagte als *Handelsblatt*-CEO: »Geschäftsmodelle müssen heutzutage der Gesellschaft und nicht mehr nur dem Aufsichtsrat vorgelegt werden.« Andere kategorische Sätze sind: »Die Lösung, die genau zu Ihnen passt.« »Wir haben ein Prinzip: Wir geben nur Geprüftes heraus.« »Es gibt eine Regel: Das Team wird vorher genau gecheckt, ob es passt.« »Am Ende werden wir einen Vorschlag haben, der für Sie Wert schafft.« »Sie wollen sich am Ende darauf verlassen.« Es gibt unzählige Beispiele. Für uns zählt nur, was für den Kunden gut ist. Wir machen nur etwas, das am Ende klappt. Das Projekt ist nur dann gut, wenn es am Ende fliegt. Genau.

Etwas Wein in das Wasser: Der Wissenschaftler Robert House hat an der Wharton School eine Studie durchgeführt, mit dem Ergebnis: Große Führer hängen die Latte hoch, sie machen Aussagen mit visionärer Note. Aber das genügt nicht, es muss etwas Zweites hinzukommen: Sie müssen die Vision verbal ausdrücken – und es muss ihnen geglaubt werden, dass sie an die Einlösung glauben.

Ein Dach bauen

Ohne Referenz ist nichts auf der Welt einzuordnen, ohne Beziehung zu Bestehendem, zu Anerkanntem. Vor allem in neuem, zusehends verwirrendem Gelände. Trends, Meta- und Megatrends zum Beispiel leisten das. Aber hier gibt es keine Garantie auf Wirkung, das kann schiefgehen. Im Trendbegriff steckt schon das Vergängliche. Was gestern noch Massen begeistert hat, lockt heute schon keinen Hund mehr hinter dem Ofen hervor. Also sollten wir ein beständigeres Dach bauen.

Wer ein Dach baut, kann auch das Gegenteil behaupten. Im Sommer 1996 vor der Küste von Long Island war eine Maschine der TWA abgestürzt. 230 Menschen starben. Die Flugnummer war TWA 800. Mit der Flugnummer kommt Rhetorik ins

Spiel. Die Leute von der Fluggesellschaft gaben bald nach dem Unglück zwei Varianten ein und derselben Pressemeldung. Die erste endete etwa so: »Wir werden die Flugnummer wieder verwenden.« Eine zweite Meldung enthielt den Kern: »Wir werden die Flugnummer nicht wieder verwenden.« Beide so entgegengesetzten Aussagen begannen mit demselben kategorischen Satz: »Wir haben Respekt vor den Opfern.«:

»Wir haben Respekt vor den Opfern … Deshalb werden wir die Flugnummer wieder verwenden.«
»Wir haben Respekt vor den Opfern … Deshalb werden wir die Flugnummer nicht wieder verwenden.«

Je breiter Sie das Dach bauen, desto mehr Möglichkeiten der Zustimmung haben Sie. Und desto mehr Auswege haben Sie. Das Dach schafft Legitimation und Gemeinsamkeit. Es muss nur tragfähig sein: »Respekt vor den Opfern«, »Der Kunde entscheidet.« Dächer erweitern Möglichkeiten.

Zurück zum Ausgang mit zwei Gedanken, zuerst mit einer Frage: Was verschafft uns Wirkung? Das wirklich Interessante liegt hinter der Aufgabe, hinter den Fakten auf einem höheren Level. An das Eigentliche müssen Sie herankommen, wenn Sie Wirkung erzeugen wollen. Nehmen Sie deshalb eine erhöhte Position ein. Nehmen Sie die anderen mit, in eine Welt da draußen, eine Stufe höher. Suchen Sie Sätze mit einem weiten Dach. So wie der Chef einer Schweizer Weltmarke, der etwas sucht, das auch für vieles andere gelten kann; »Rolex verkauft gar keine Uhren. Rolex verkauft Luxus.«

Ein Dach kann eine gemeinsame Erfahrung oder gemeinsame Erinnerung sein. Mit einem Klienten habe ich eine Diskussion auf einer DLD Conference vorbereitet, in der es um das Ende des Fernsehens gehen sollte: Das Statement des auftretenden Managers begann mit der Erinnerung an einen 35 Jahre alten Song. »Video kills the Radio Star.« Und er findet sofort den Weg zu seiner Aussage. Nichts ist gekillt; das Radio gibt es noch immer. Allein dieses *soundbite* sagte: Vielleicht wird es auch das Fernsehen lange geben, wenn auch anders. Der Anschluss an eine jahrzehntelange Erfahrung – ein Lied im Ohr – ließ uns ein Dach bauen. Am Ende übernahm der Moderator, ein BBC-Reporter, unsere Metapher als Motto für den gesamten Talk. Sieg nach Punkten.

Ambition vermitteln

Es kommt nicht darauf an, wie gut man ist, sondern wie gut man sein will. Ein alter Hut, er sitzt jedem Rat auf, hinter dem positives Denken steht. Und der alte Hut passt.

Es scheint geradezu Voraussetzung für Erfolg zu sein, nach Wirkung zu streben. Wer das tut, ist schon fast sicher auf der rechten Seite des Spiels. Allerdings muss man liefern und Ambition durch Ergebnisse nachhaltig machen. Nach Wirkung streben, das heißt, Sie müssen den Auftritt wollen; er gehört zum Vertrag. Spätestens dann sind Sie bereit für Führungsaufgaben.

Es ist auch oft die Zielvorstellung, die den erfolgreichen Auftritt erfolgreich macht. Wir haben im Erfolgsfall eine Vorstellung darüber, was am Ende herauskommen soll, etwa: »Ich werde diese Menschen davon überzeugen, dass die Strategie stimmig ist.« Oder: »Wir werden dem Umbau der Firma schaffen«.

Manche Ambition will sichtbar zu viel. Der Drang, etwas sagen zu wollen, schafft Probleme, wenn er allzu authentisch daherkommt. Aber die meiste Ambition wirkt sich positiv aus. Ambition wirkt oft gänzlich ohne kommunikativen Anspruch, ist nicht auf den anderen gerichtet. Für absolute kommunikative Ambition steht Meister Eckharts berühmter Satz: »Wäre hier niemand gewesen, ich hätte dem Opferstocke predigen müssen.« Ich habe viele Klienten vor Augen, und hätte viel zu sagen, aber ich würde in diesem Punkt das Niveau anderer Darstellungen nur schwer erreichen; lesen Sie das Buch von Assig und Echter.

Kraftvoll ausführen

Das Prinzip ist nicht neu. Geht man die alte Rhetorik durch, fällt einem eine Forderung nach etwas auf, das wir heute »Übertreibung« nennen würden, oder Aufschäumung: die *amplificatio*. In der Tat, um Wirkung zu erzielen, muss man manchmal stärker werden, mehr geben. Ergebnis ist das, was die angelsachsächsische Sprache so unverblümt *boldness* nennt, einen starken Ausdruck – den deutsch Erzogene sich oft erst aneignen müssen. In Coaching und Trainings stelle ich immer wieder fest, dass das gefühlt Übertreibende, sieht man das Video an, am Ende eben doch nicht peinlich ist oder übertrieben wirkt, sondern dass es gerade die Wirkung hat, die wir wollen.

Aristoteles, derselbe, der schon zu kraftvoller Ausführung riet, sagte: »Sichtbar diese Mittel benutzen zu wollen ist lächerlich, es dagegen mit Maß zu tun ist die gemeinsame Regel für diese Dinge.« Die Menschen wollen das Aufgeschäumte, wir sollen nur nicht merken, dass es aufgeschäumt ist. Dazu sollten Sie es nicht übertreiben.

Kraftvoll scheint es, wenn die Rede mit wirkungsvollen Sätzen durchsetzt ist. Manchmal sind es Beschwörungsformeln. Das waren immer in der Geschichte inhaltsleere Sätze mit der größten Flughöhe, von der Bibel: »Wahrlich, ich sage euch« bis zum Indianerhäuptling: »Howgh, ich habe gesprochen«. Oder in der Diktion von Christian Lindners »Wutrede«. Im Düsseldorfer Landtag regte er sich erst authentisch, dann zunehmend künstlich auf, grandios. Er sagte darin gleich dreimal: »Und ich sage Ihnen noch eins!« Inhalt dieser Formel: null, Wirkung enorm. Zur Wirkung der Gebetsmühle später mehr.

Zum kraftvollen Auftritt gehört die Bühne, und das *staging*, es gibt dafür kein deutsches Wort, ist vielfach entscheidend: Wie kommt man herein, wie stehen die Personen im Raum angeordnet? Wie ist der Raum, der Lichteinfall, Artefakte, die man in der Hand hält, Punkte, auf die man zeigt, Positionen, Auf- und Abgänge. Raum, den man sich nimmt. Äußerliches, leider.

Wir kennen die Erfahrung, dass diese boldness, diese Wirkung, sogar in einem kurzen Blick zu erkennen ist. Oft genug werden charismatische Mittel gebündelt und potenziert. Ein Leichtathlet sagte mir einmal: Edwin Moses schaut dich in der Umkleidekabine an – und du weißt: Du verlierst!

Auch das Gegenteil kann ebenso wirken. Wer solchermaßen von außen in diesen Modus kommt, schafft das scheinbar Paradoxe: mit großer Leichtigkeit wirken. Leichtigkeit, *nonchalance*, ist das berühmte Prinzip von Baldassare Castiglione aus seinem Meisterwerk *Der Hofmann*. Es ist das in der italienischen Kultur bekannte Prinzip der *sprezzatura*. Kaum anders ist die Wirkung italienischer Alltagspersonen zu erklären, die ohne sichtbare Anstrengung auskommen – und gerade deshalb kraftvolle Wirkung erzeugen.

Wir sind gewohnt, so etwas Charisma zu nennen. Charisma, ich nenne es einfach Wirkung, speist sich manchmal auch aus ganz profanen Quellen: Der vermeintlich »charismatische« Führer ist mit Insignien der Organisation ausgestattet, aus der er seine Legitimation bezieht. Diese Wirkung verschwindet oft augenblicklich, wenn die Insignien fehlen. Mittel der Machtrepräsentanz geben die Sicherheit, die Funktionsträger oft auszeichnet. Diese äußerlichen Dinge erleichtern den Eindruck von Charisma, aber können es nicht ersetzen.

Wer über starke Wirkung und kraftvolle Ausführung spricht, muss das auch über seine Rückseite tun. Zum Beispiel über Einzelne, die dazu noch eine Schwelle übertreten. Ich erinnere an das berühmte Middelhoff-Urteil aus dem Jahr 2014. Ein Manager, der viele Jahre für Charisma stand, wurde verurteilt. Es gab gleich danach die Befürchtung, dass in den Vorstandsetagen nur noch Duckmäuser sind. »Der neue Moralismus vertreibt die Exzentriker und Charismatiker«, hieß es. Ich bezweifle, dass es einen Zusammenhang zwischen schlechter Moral und Attraktivität des Auftritts gibt, das ist eher ein typisch deutsches Klischee: Die mit dem Einstecktuch sind die Bösen. Wir sind versucht, das Kind mit dem Bade auszuschütten: mehr Langweiler. Anständigeres Wirtschaften, anständigere Wirtschaft? Ich kenne keinen Beleg dafür.

Regeln etablieren und Forderungen stellen

Ein sehr probates Mittel: Regeln und deren Einhaltung schaffen Akzeptanz. Hier fällt eines auf: Viele Manager beklagen sich, dass Regeln nicht eingehalten werden. Wer genauer hinsieht, merkt gelegentlich, dass die Regeln nicht bekannt oder einfach nicht kommuniziert worden sind. Setzen Sie deshalb klare Spielregeln, etwa: Es spricht nur der, der die entsprechende Rolle inne hat. Wer Fragen hat, möge sie anmelden. Wenn es Kommentare oder gerechtfertigte Kritik gibt, sollten sie später geäußert werden. Oft sind die Regeln durchaus bekannt, sie wurden geschrieben oder gesagt, aber nicht wirkungsvoll genug, nicht oft genug wiederholt, nicht einfach genug, stattdessen zu juristisch-schriftsprachlich dargeboten.

Regeln setzen voraus, dass sie eingehalten werden. Das wiederum müssen Sie sicherstellen. Regeln zwingen zur Präzision, dazu müssen sie von Details flankiert sein. Auch Details sind hin und wieder wichtig. Meine Ansagentrainings für Piloten begannen um 9.27 Uhr. Neun Uhr siebenundzwanzig! Präziser geht es nicht. Die Tage begannen pünktlich.

5 Vom Experten zum Executive – Zwölf Taktiken für mehr Wirkung

Führungswirkung beginnt im Kopf. Sie sollten wissen, von welchem Punkt aus Sie starten – und wo Sie ankommen wollen. Von der falschen auf die rechte Seite kommt man durch klar benennbare Taktiken.

WENIGER STRATEGIE ALS TAKTIK

Warum Taktik und nicht etwa Strategie? Mitarbeiter und Führungskräfte vergleichen die Strategie mit ihrer Wirklichkeit. Ist es Ihnen ernst mit dem was Sie sagen, und kann man es überhaupt leicht verstehen? Manche Strategie geht nicht aus dem Mund, nur schlecht ins Ohr und oft ins Auge.

Kennen Ihre Führungskräfte Ihre Strategie? Wissen Mitarbeiter, was Sie wollen? Kennen sie wenigstens Bruchstücke, ein paar Ziele, irgendetwas, das sie leiten kann – oder von anderen Unternehmen unterscheidet? Werte, Prinzipien? Sie haben sie vielleicht nicht wirkungsvoll kommunizieren können. Allein das Wort ist zum Fortlaufen; Strategie ist schon deshalb etwas Fremdes, weil das Wort in vielen Sprachgebrauchen nicht vorkommt. Viele Strategien sind unverständlich, Sie scheinen vielen unerträglich, eine Zumutung, sobald man sie uns vorträgt.

Strategien scheinen: Zu viel. Zu komplex. Zu generisch-austauschbar.

Mit zwölf Taktiken dagegen kann man arbeiten, mit Lust auf Kunden. Wer operativ ganz praktisch arbeitet, ist mit ganz Praktischem leicht zu erreichen, mit Konkretem, und nicht mit Generischem. Statt Strategien mit ihrem anfassbaren Pendant. Das ist Taktik.

Was ist Taktik? Taktik bedeutet: anfassen, berühren, ein Begriff aus der Welt des Militärs, das Taktile ist Wesen des Krieges, wer jemanden schlagen will, muss berühren. Taktik ist: mit einem Wort: Feindberührung! Die Kunst der Taktik gibt Antworten auf die Fragen: Was tue ich, wenn die oder der vor mir steht? Weiche ich aus – gehe ich darauf zu?

Die folgenden zwölf Gesetze, denen der Executive Modus folgt, münden in konkrete Fähigkeiten. Jedes Begriffspaar meint konkretes Verhalten, links das typische für Experten – rechts das erfolgreicher Executives. Jedes Paar meint also Einstellung und Fähigkeit zugleich:

1 Aus dem Maschinenraum zur Flughöhe
2 Von sachlich zu persönlich
3 Von vollständig zu Auswahl
4 Von schriftlich zu mündlich
5 Von Papier zu Aktion
6 Von recht behalten zu »Alles ist wahr!«
7 Von Neuigkeit zu Wiederholung
8 Von komprimiert zu entzerrt
9 Von komplex zu einfach
10 Von stumpf zu pointiert
11 Von herkömmlich zu attraktiv
12 Von Nur-Authentischem zu Rollenbalance

1 Aus dem Maschinenraum zur Flughöhe

Ein Chefredakteur einer Wirtschaftszeitung betritt das Arbeitszimmer eines DAX-30-Vorstandsvorsitzenden. Man bedeutet ihm, sich zu setzen, da entdeckt er in einer Ecke ein scheinbar unwesentliches Detail, und daran entspinnt sich eine kleine Diskussion, die Pars pro Toto stehen könnte für das, was ich Modus nenne. Die Reaktion des Hausherrn ist der Prototyp des Maschinenraummodus: »So ein Gummibaum stand immer bei meiner Oma.« Der CEO beginnt augenblicklich, sich mit Details für den Gummibaum zu rechtfertigen.

Die meisten von uns sind auf diese eine Seite des Spiels gedrängt worden: In eine Kommunikationsweise, die schwer ist, vollständig, mit großer Tiefe, und mit jeder Zahl persönlich bekannt. Symbolisch steht der Pilotenkoffer neben jedem Rednerpult und jedem Tisch, an dem auch nur irgendetwas wirtschaftlich Relevantes gesprochen wird.

Schon das erste deutschsprachige Buch zur Wirtschaftsrhetorik 1954 thematisierte *»Die Sprachnot des Ingenieurs«*. So albern der Ausdruck, so aktuell ist das Problem. Nicht nur der deutsche Ingenieur, der deutsche Manager ist einer, der so ist wie er ist. Nur, kommt er hoch, und es sind zu viele hoch gekommen, die fachlich gut waren, dann wird zum Fluch, was eben noch höchstes Lob war. »Fachlich gut« allein kann zum Ausschlussurteil werden. Der unverständlich nuschelnde Controller, der es eigentlich zum Finanzvorstand bringen sollte, der exzellente Chemiker, der die Pharmasparte leiten sollte, der kühle Informatiker, der sich zu fein war, Journalisten die Firma zu erklären, und die Versicherungsmathematikerin, die es immer wieder schaffte, aus Hilflosigkeit der Situation heraus auf der Betriebsversammlung Mitarbeiter zu brüskieren. Weil sie im Maschinenraum bleibt, während er antwortet.

Experten arbeiten sich in Führungsaufgaben ein. Sie kennen

ihr Business bis in die letzte Verästelung – und scheitern, wenn es um Wirkung geht. »Das liegt ihm nicht so«. Mancher schiebt die Schuld an einem schlechten Auftritt auf andere: den Kommunikationschef, der ihn immer mit Journalisten zusammen bringen will, den Markenmann, der sagt, er solle öffentlich die Marke verkörpern, den Betriebsrat, der wieder mal will, dass er Mitarbeitern dies und das erklärt. Während er die Schuld bei anderen sucht, wird der Experte erst richtig zum Problem. Solche Nöte werden in einem Managerleben oft nicht mehr zu Tugenden. Es sind nicht nur Sprachnöte; es ist das systematische Beharren auf der linken Seite, im Maschinenraum.

Auch Sie kommen vielleicht von tief links, auch Sie wurden vielleicht in den falschen Film gelockt, der heißt: erläutern, wie es wirklich ist. Das ist in Ordnung, aber wenn wir einen Eindruck machen, geht es eben nicht mehr um Informationen und Details. Aus der linken Seite muss jeder heraus, der einen Blumentopf gewinnen will – und auf Verständlichkeit und Wirkung angewiesen ist. Sie werden in immer mehr Situationen geraten, in denen Sie sich für die rechte Seite entscheiden sollten.

DEN RAUM ÖFFNEN

Manager sehen zuerst ihre eigene Verantwortung, dafür werden sie bezahlt, und nicht wenige sagen, es sei sinnlos, mehr zu verlangen. Über den Tellerrand zu sehen und das auch vermitteln zu können gehört allerdings ab einer bestimmten Gehaltsklasse dazu.

Die eher unscharfe Vorstellung von der Zukunft des Gesamtunternehmens ist der Grund dafür, dass viele im Maschinenraum bleiben. Dort geht es meist um Aktivitäten, oft allenfalls um Vertriebsstrategien, vielleicht einen Marken-Relaunch. Wo es um Regeln oder Werte gehen sollte, oder weiter spannende entsprechende Programme, bleibt oft einfach ein Sparprogramm. Schön und gut und wichtig, aber das fliegt nicht. Und so redet man dann auch: beschreibend, sachlich, manchmal sperrig, faktenlastig, oft eckig. Einzelinitiativen haben keine Flughöhe. Zu Einzelinitiativen aufzurufen, ohne Flughöhe zu geben, schafft kaum Wirkung. Denn nur in großen Zusammenhängen ist eine Vorstellung der Zukunft möglich. Die Ursache für wirkungslose Rede ist kein Oberflächenproblem, sondern oft ein Problem des falschen Modus.

Details müssen sein, keine Frage. Und auch wer als Executive für das Gesamte steht, muss trotzdem oft für einzelne Maßnahmen um Zustimmung kämpfen. Das wird Ihnen auch so gehen. Sie stehen vor der Aufgabe, für einzelne Initiativen, spezielle Aktionen ohne Zusammenhang werben zu müssen. Selbst wenn Sie Zweifel am Zusammenhang sehen, müssen Sie ihn dennoch herstellen. Sagen Sie das pur, im falschen Modus, wird Führungswirkung unwahrscheinlich: »Herr Meier hat gleich viele Daten dazu, und ich werde im Anschluss noch einige ergänzen«. Öffnen Sie stattdessen den Raum: »Die Punkte, die Herr Meier gleich aufzeigen wird, sollen Ihnen zeigen, dass wir das jetzt alle gemeinsam durchführen sollten.«

Wer führt, muss genau diese Orientierung geben, dann, wenn es nur um Einzelnes geht, aber erst für das Große. Das gelingt nur mit Bezugspunkten, die man vermittelt. Diese Bezugspunkte müssen durch jeden zu sehen sein. Das gilt zum Beispiel für überschaubare Kurzzeitstrategien. Zugleich sollten Sie sie weit genug spannen. In eine weitere Zukunft, über den Tellerrand hinaus. Führen heißt auch, den Raum zu öffnen.

Die Chefvolkswirte der Banken befehligen die Forschungsabteilungen der Finanzindustrie. Sie und ihre Teams werden oft im »Maschinenraum« verbannt. Ihre Analysen sollen vollständig sein, korrekt und komplex, wissenschaftlich unangreifbar und umfänglich. Es sind die vermeintlichen Erbsenzähler, über die wir sagen: »Fachlich ist er gut.« Das ist einer derjenigen Sätze, die nun gar nichts Gutes ahnen lassen. Wir stellen uns einen vor, der verschämt und verkrampft ein paar Charts präsentieren muss und vielleicht noch muffig gekleidet ist. Das ist alles gar nicht schlimm, und das hat es immer gegeben. Es passt nur nicht mehr, wenn eine Führungsaufgabe dazukommt.

Manchmal müssen auch Wissenschaftler ihren Kopf herausstrecken – und ein paar Worte öffentlich sagen. Sie werden zu Managern und landen im Vorstand – aber nur, wenn sie nicht nur so auftreten, wie Volkswirte häufig auftreten. Die Richtung ist immer dieselbe: von Zahlen, Fakten, Daten zu Sätzen mit Höhe, die den Maschinenraum verlassen.

Hinterm Horizont gehts weiter. Im Englischen gibt es das Wort *beyond*, es bedeutet mehr als nur »dahinter«; es bedeutet etwas grundsätzlich anderes. Man geht aus etwas heraus. Wer den Maschinenraum verlässt, wer den Kopf herausstreckt oder an die Öffentlichkeit geht, ist wohl oder übel prominent »hervorgehoben«. Beobachtung und Bewertung durch andere werden zum Dauerthema. Wer das ist, sollte aber wissen, dass außerhalb des wissenschaftlichen Diskurses andere Regeln gelten.

WÜNSCHE, APPELLE, IMPERATIVE UND DROHUNGEN

Wie kommt man, rhetorisch, aus dem Maschinenraum? Eine Versuchung ist die größte – man formuliert Wünsche: »Wir wollen gemeinsam dieses oder jenes erreichen. Wir möchten Marktführer werden.« Aber wer Wünsche formuliert, kann zwar den Raum öffnen, aber noch nicht füllen. Die nächste Versuchung – Appelle: »Helfen Sie alle mit!« Appelle können aber nur etwas bewirken, wenn schon eine Stimmung der Dringlichkeit herrscht. Die müssen Sie erst einmal herstellen – bevor Sie irgendwem mit einem Appell kommen!

Die nächste Versuchung – Imperative.

Drohungen: Das letzte Mittel? Manchmal scheint Drohen nötig zu sein, aber nur in Ausnahmefällen. Die Drohung muss nicht unethisch sein, sie lässt den Bedrohten Raum zu wählen: »Wer diese Veränderungen nicht will, kein Problem, da draußen ist eine Tür«. Aber die Drohung ist für den Drohenden riskant. Er muss sie womöglich auch wahr machen, anderenfalls ist die Glaubwürdigkeit dahin.

DIE GÖTTER ANRUFEN

Aus dem Maschinenraum heraus kommen wir auch, indem wir höhere Zwecke ansprechen, das Dumme ist nur: Sie sind aus der Mode gekommen. Heinrich Böll erzählte von einem Rundfunkredakteur, der das Wort »Gott« nicht mehr verwenden durfte und stattdessen angehalten wurde, die Tonbandschnipsel mit »Gott« zu ersetzen durch solche mit »jenes höhere Wesen, das wir verehren«. Wie man es nennt, es scheint nicht ohne zu gehen.

Vor Jahrhunderten wurden Götter angerufen, um sich mit Hohem, heute würde man sagen, zu vernetzen. Als Bezug diente durch Sterbliche nicht Erreichbares. Aufgeklärte Demokratien haben solche Instanzen nicht. Aber auch in aufgeklärten Demokratien ist Höhe gefragt. Was wären in einem profanen Business-Umfeld die Götter, die man anrufen könnte?

In der antiken Rhetorik war ein wesentlicher Punkt der Rede die so genannte sittliche Ermahnung. Schon damals mussten die Redner lernen, ihre Argumente an Maximen der Götter anzuschließen, die die sittlichen Regeln vorgaben: Werte, Regeln, Rechtes Handeln. Was heißt es Götter anzurufen? Etwa Imperative und Beschwörungen. »Glauben Sie mir!« »Ich zähle auf Sie.« »Vergessen Sie nie!« »Treffen Sie die richtige Entscheidung!« Auch Verbote und Gebote heben kategorisch nach oben: »Wir müssen einsehen, dass,« »Wir sind alle gefordert.«, und vor allem Werte: »Es geht um …« »Es kommt immer auf … an« – it's all about …«, »Wer nicht trainiert, wird es nicht können.«

Credo

Persönliche Wertebekenntnisse sind hilfreich, maßvoll verwendet. Ich verwende dafür einen Begriff aus der christlichen Liturgie. Das Credo ist das Bekenntnis, an etwas zu glauben: an Gott, an den Heiligen Geist, an den Erfolg, an Menschen, an Höheres, an die Firma, an sich selbst. Suchen Sie sich etwas aus! Das kann Historie sein, das können Prinzipien sein, gern auch mit etwas Pathos, jedenfalls nichts Langweiliges. Ihr Credo sollte so gebaut sein, dass es Unterscheidung möglich macht, eingängig und originell: »der die Kunden versteht«, »der konsequenteste Sanierer«, »der am besten Vernetzte im deutschsprachigen Raum«, »der Vertriebsengel«, »der klare Analysierer«, »die etwas zu Ende bringt«, »der Mechaniker«.

Damit das Credo mehr ist als ein bloßer Claim, braucht es Stützung. Das kann Historie sein, das können Prinzipien sein, gern auch mit etwas Pathos, jedenfalls nichts Langweiliges. Mit einer Klientin habe ich ein Credo formuliert, dass es ein Gleichnis war für ihre Arbeit. Ihre Eltern hatten eine Bäckerei. Die ging nur gut, wenn die Kunden zu ihr kamen und nicht in die Bäckerei gegenüber. Das hatte sie von zu Hause mitbekommen. Dazu passte ihr Credo: Ich bin Kunden-Frau. Das Credo zeigt Bodenständiges, gepaart mit dem Prinzip Kunde.

Als Kern eines Credos dienen zum Beispiel Glaubenssätze, unverrückbare Aussagen, rückgekoppelt ans Herz. Mit einem Klienten, der globale Forschung eines pharmazeutischen Unternehmens leitet, kreierte ich den Anfang einer Rede an seine Führungskräfte. Wir begannen mit dem Satz: »When ever you have to make a change, you have to begin with the heart.«: »Wenn man etwas ändern will, musst man mit dem Herz anfangen.« Das Herz ist, natürlich, die Forschung. Es hätten aber auch die Mitarbeiter sein können, die Kunden. Das war auf zweierlei Weisen hoch geflogen. Zum einen, weil das Herz vorkommt, was immer eine sichere Bank ist, zum anderen, weil der Satz die Götter anruft.

Gehen Sie Ihre Glaubenssätze durch, schreiben Sie sie auf. Und schließlich, machen Sie die Erfahrung, dass gerade diese Glaubenssätze Sie auf eine Flughöhe heben, heraus aus dem Klein-Klein Ihrer Aufgaben. Damit Sie nie mehr beginnen mit: »Ich bin gebeten worden, Ihnen zu erläutern ...«

Visionen

Manager suchen Lösungen, in Vertriebsfragen, in Prozessen, in Marketingmaßnamen. Viele vergessen dabei, dass die eigentlichen Probleme in Köpfen liegen – und rhetorisch gelöst werden können – wozu sonst sollte es Gespräche und Town Hall Events geben. Wo es keinen Entwurf gibt, wird es keine Lösung geben. Der Entwurf für Köpfe ist die Vision. Visionen schaffen diesen Weg aus dem Maschinenraum, manchmal. Visionen sind Kreativleistungen. Sie geben ein Bild dessen, was möglich, aber noch nicht wirklich ist.

Visionen werden praktisch: Erstens in der Entstehung. Experten empfehlen seit Langem, die Mitarbeiter selbst eine Vision entwerfen zu lassen. Nichts vorzuschreiben führt in einen aufwendigen Prozess, der sich aber lohnt, denn viele andere Versuche, Visionen entstehen zu lassen, sind weitgehend gescheitert. Zweitens in der Sprache. In Visionen sind wiederkehrende Ziele enthalten: Wertschaffung und -steigerung, Verbesserung der Leistungen, Erarbeitung von Kultur und Identität, Marktchancennutzung. Wird das aber so substantivisch dargeboten, fehlt das mündliche Verb, das wir in mündlicher Rede verwenden. Drittens in der Vermittlung. Dazu brauchen Sie rhetorische Fähigkeiten.

Ziele

In immer mehr Situationen müssen Sie Ihren Plan präsentieren. Sie brauchen dafür Ziele, die leuchten. Sie haben oft eine Erfahrung gemacht: wenn die Ziele zu klein sind, schafft man zu wenig. Sie müssen so groß sein, dass es sich lohnt, sich anzustrengen. Allerdings auch nicht zu groß, sonst ist Frust programmiert. Man kann sie eben nicht einfach ganz sicher erreichen. Das gibt Chancen für Sie, Mitarbeiter zu erreichen, oder nach außen Ihrem Geschäft Bedeutung zu verleihen.

Auch hier etwas Wasser in den Wein: Lernpraktiker lieben es, von intrinsischen Motiven zu sprechen, die nicht von außen kommen, vor allem nicht von Geld: Er oder sie ist intrinsisch motiviert, sie oder er handelt aufgrund eines inneren Anreizes, der in der Tätigkeit selbst liegt: Ich arbeite im Controlling, weil ich gern rechne, als Berater kann ich bei tollen Projekten dabei sein. Eine Theorie, nach der dieser innere Antrieb alles beherrscht, hat viele Anhänger. Hinzu kommt der ethische Aspekt: Was von innen, aus dem Bauch kommt, scheint echter als das von außen hinzu Kommende. Das alles ist schön gedacht, aber es wird nicht die Regel sein: Zum »Executive Modus« gehört auch das, was nicht von innen kommt. Es wäre naiv anzunehmen, Sie könnten sich Ihre Ziele selber setzen; sie kommen sogar meistens von außen. Die Frage ist einzig, kann man Sie davon überzeugen, und können Sie von den Zielen überzeugen, die Sie selbst Ihrem Team setzen?

Missionen

Die kürzeste Mission stammt von John F. Kennedy: *We fly to the moon.* Die Mission formuliert, was man tut, um die Vision zu erreichen. Was tun wir wodurch, um für unsere Kunden und unser Unternehmen das Beste zu erreichen? Das Beispiel lehrt uns: Erstens, die Mission muss kurz und präzise sein. Zweitens, sie muss verbreitet werden. Kennedy kreierte diesen Satz mit seinen Beratern – und wiederholte seine Mission als Gebetsmühle.

Vision, Mission, Credo – sollen wir solche Begriffe überhaupt aussprechen? Die meisten Mitarbeiter und Manager haben schon in mehreren Stationen jede Menge Visionen erlebt, oft auch deren Scheitern gleich dazu. Es kann deshalb geraten sein, die Begriffe »Vision« oder »Mission« besser nicht zu formulieren, sondern die Vision subkutan hinter den Äußerungen erscheinen zu lassen – und zu ersetzen durch bildreichere Begriffe, die weniger abgenutzt scheinen.

Organisationen sind zweckorientiert. Aber oft muss einfach nur das Selbstverständliche gesagt werden. Der Zweck des Unternehmens ist nicht etwa Profit oder, wenn man etwas mehr Spielraum lässt, allenfalls Wachstum. Der Zweck ist es, das Kundenbedürfnis zu befriedigen. Sehr trivial, aber klar. Der höchste Zweck: Der Kunde! Für weite Teile der Führungskräfte und Mitarbeiter ist das aber oftmals nicht hoch genug. Es scheint zu selbstverständlich, es fliegt nicht. Jedenfalls nicht von allein.

Deshalb gibt es Strategievermittlung. Und hier wird oft zu hoch gegriffen. Manche Zwecke lassen sich nie erreichen; sie eignen sich scheinbar besonders zur Motivation, ein Perpetuum mobile, es ist nie genug Kundenzufriedenheit zu haben, Ergebnisse von Mitarbeiterbefragungen sind nie gut genug. Anderenfalls müssten Bemühungen irgendwann eingestellt werden. Reden Sie also auch darüber, dass Ziele und Zwecke nicht oder noch nicht erreicht worden sind.

Führung heißt, immer auch neue Zwecke zu proklamieren, Führung heißt, einen größeren Rahmen aufzuzeigen und möglichst vielen einsichtig zu machen. Alles, was als Überbau taugt, hat große rhetorische Kraft. Aussagen, die gerade nicht inhaltlich polarisieren, sondern die an Hohes anknüpfen.

Je einsichtiger der Zweck, desto mobilisierender ist er. Je konkreter, desto leichter wird es, Mitarbeiter dafür einzunehmen. Und je höher der Bezugspunkt ist, desto mehr Menschen dient er als Dach.

Weniger Details

Wie kommt man noch heraus aus dem Maschinenraum? Umgekehrt etwa durch Verzicht auf die so lieb gewordenen Details. Vor allem auf die verzweifelten Detailargumente – die häufig als Flucht empfunden werden. Nicht zu viele Daten, wenige Zahlen, nichts aus der unteren ersten Ebene, nichts aus dem Maschinenraum, nichts, bei dem es richtig und falsch gibt. Der Grund ist: Sich nicht und vor allem nicht zu inhaltlich festlegen, jedenfalls nicht öffentlich!

Besonders zu Anfang jeder Kommunikation scheint es wichtig zu sein, mit kategorischen Sätzen gar nicht erst im Maschinenraum zu landen. Später hilft genau das, aus dem Maschinenraum herauszukommen. Am Ende ist es wieder das, was sich mit den drei Ebenen zeigen kann (Bild 4.2). Gehen Sie von unten nach oben. Verlassen Sie den Maschinenraum der Fakten und gehen Sie in größere Höhe.

Das gibt Ihnen Chancen, Mitarbeiter zu erreichen oder nach außen Ihrem Geschäft Bedeutung zu verleihen. Weniger Detouch – mehr Chance auf Flughöhe.

2 Von sachlich zu persönlich

Sachlichkeit genießt unter Deutschen hohes Ansehen. Wenn Diskussionen »versachlicht« werden – wie langweilig! –, kann sich jemand auf die Schulter klopfen. Aber Sachlichkeit führt immer etwas anderes mit im Gepäck, das ist Nichtpersönlichkeit. Und genau das macht Ihnen Probleme, wenn Sie Executive werden. Was eben noch als Tugend galt, hält Sie auf der linken Seite fest. »Zu sachlich« oder »zu technisch«, Sie kennen solche Feedbacks, sie sind manchmal Todesurteile für jede

Führungswirkung. Im Sachlichen kommen keine Menschen vor.

Wir sprechen Sätze wie »Man will dies«, »Man will jenes« – ganz unpersönlich. Es hat sich etwas ereignet; es ist etwas entschieden worden. Selbst in manchen Situationen, die explizit dazu da sind, darüber zu berichten, was Menschen getan haben, kommen Menschen nur spärlich vor: »Es kam zu einer schwierigen Situation.« Das verbirgt, und es ist unanschaulich. In dieser Nichtpersönlichkeit klemmen wir oftmals fest. Unpersönliches erreicht kein Gefühl.

Ein Beispiel: Einer gibt die Richtung vor. Nehmen wir an, das sind Sie. Sie hatten die Idee gehabt, den Plan. Das sagen Sie nach außen, wem immer Sie wollen, und das wollen Sie auch Ihrem Team immer wieder sagen, allen, davon sind Sie überzeugt, Sie wollen es auch zeigen. Wenn Sie etwas besser wissen, wollen Sie es unbedingt mitteilen, schon zu Anfang, ohne Zugang; es springt einen förmlich an. Falsch! Da fehlt Zugang.

Dabei schafft persönliches Erscheinen Wert, erwiesenermaßen. Beispiel Finanzkommunikation. Über ein Drittel aller Anlageentscheidungen gehen auf nicht finanzielle Aspekte zurück, auf entscheidende Menschen. Das Führungspersonal erreicht in Studien regelmäßig Werte um die 50 %.

SERMONES DE DOMINICIS

Wir kennen Äußerungen anlässlich riskantester Umstrukturierungen, mit denen die Vorstände keinen Hund hinter dem Ofen hervorlocken. Trotzdem und gerade weil sie die wohlformulierten Schriftsätze, die Business-Lyriksprüche, Visionen und Missionen hersagen, und alles, was gut und teuer ist. Aber es kommt nicht an. Dies auch trotz aufwendiger Vorbereitung der Papiere, trotz hervorragender Texte, ausgefeilt und schließlich auch noch ganz gut vorgetragen. Aber da liegt schon das

Problem. *Sermones de dominicis* nannte man das im Mittelalter, Sonntagspredigten, die wirken wie Teflon: zum einen Ohr rein, zum anderen wieder raus. Wer darauf hinweist, bekommt zu hören: Sachlich richtig.

Fast alle haben deshalb denselben Wunsch. »Emotionaler« soll der Sermon werden, aber wie? Diese Not ist manchmal mit Händen zu greifen. Es wäre gut, hätten wir in solchen Momenten Signale der Wertschätzung parat, Methoden oder wenigstens Floskeln, mit denen wir weniger Wert vernichten und weniger Beziehungen zerstören.

Da spricht auf der Führungskräftekonferenz der CEO und kündigt an: »Über Einzelheiten zu unserem Change-Prozess wird Sie unser Personalvorstand informieren«. Die oder der Angekündigte müsste dann eigentlich sagen: »Entschuldigung. Ich erläutere nichts. Ich will ein paar von Euch hinter dem Ofen hervorlocken.« Es wird hier nichts mehr erläutert, dargestellt, eher selten »informiert«. Es wird überzeugt und motiviert, oft nicht einmal das, oft muss kurz gesagt, Stimmung gemacht werden. Man kann das schlimm finden, muss aber nicht.

Zum Klammern an Sachen, Fakten, Zahlen und Tabellen gehört eine Trägheit, die uns auf der linken Seite festhalten will. Eigentlich in der Mitte. Der bekannte Topos *stuck in the middle* bezeichnet in der angelsächsischen Welt diesen vermeidungswürdigen Zustand. Wer etwas will, muss den Moment nutzen, ans Licht zu kommen. Der Scheinwerfer wird dann zur Business-Maßnahme. Früher konnten sich die führenden Köpfe verstecken, heute geht das nicht mehr.

Wollen Sie den Sprung von links nach rechts schaffen, müssen Sie Ihren Kopf herausstecken, als Person sichtbar werden. Das Verstecken gelingt ohnehin ab einer gewissen Gehaltsklasse grundsätzlich nicht mehr.

Nichts, das wirklich wichtig ist, wird nur behauptet; es

muss mit »wir« an das Publikum angeschlossen sein. Deshalb braucht auch Führung die Ansprache konkreter Menschen. »Sie«, »wir«, »Sie alle hier«, oder »Da drüben sehe ich einige aus dem Team«.

Fragen Sie gute Redenschreiber, die haben eine Stimme im Hinterkopf, die sagt, was das Schlimmste ist: wenn die Rede zu sachlich wird. »Etwas Persönliches« soll darum gesagt sein. Aber Vorsicht, denn hier kann auch leicht eine Grenze überschritten werden. So entstehen manchmal Reden und Präsentationen, in denen Manager von Frau und Kind und Kegel und Hobby sprechen, in denen die Familie »über alles« geht. Vielleicht erscheint auch noch ein Bild vom Hund der Familie. Das kann dann wenig professionell wirken.

Persönlich werden wird häufig missverstanden, es vergreift sich leicht im Ton. Und oft wirkt es pastoral, wenn jemand mit jemandem »in den Dialog treten« soll (»Wir wollen nachher alle gemeinsam beim Rausgehen ...«). Das Persönliche sollte besonders gut vorbereitet sein. Sie sollten folgende Regel beachten: Je emotionaler Sie werden, desto besser sollten Sie das Ganze proben.

Persönlich sein kann durchaus heißen, von sich selbst zu sprechen. Die eigene Stimme zählt manchmal fast doppelt. Was meine ich damit? Nehmen wir an, man spricht schlecht über Sie, man schreibt schlecht über Sie. Und es schwillt an, es wird kopiert und verlinkt. Dann müssen Sie einfach selbst etwas sagen. Sehr unaufgeregt, gut geplant, überlegt und gut in der Spur sein dabei. Sagen Sie es kurz und klar. Solche wichtigen Klarstellungen gelingen nicht aus der sicheren Deckung heraus. Bekennen Sie sich! Auch wenn Sie den Drang spüren, sich zu drücken. Tun Sie es nicht! Kommen Sie im rechten Moment aus der Deckung, kommunizieren Sie persönlich. Wenigstens kurz; Sie können dann gern wieder abtauchen. Wie kommt man aus der Deckung? Verwenden Sie das Wort »Ich«. »Ich sagte.« »Ich habe angewiesen.« »Ich habe entschieden.« »Ich möchte, dass wir dies oder jenes tun.« Und, warum nicht, sagen Sie einfach mal: »Ich habe da so ein Gefühl.«

ZUGANG IST ALLES

Fliegen wir kurz höher, zu einem der einflussreichsten Autoren der gegenwärtigen Welt. Zugang zum anderen, Wirkung auf andere ist alles. Jeremy Rifkin, dem auch diese Einsicht in seinem Buch eine Neuschreibung der Weltgeschichte wert war, verschafft solchen Beobachtungen etwas Flughöhe: Er sieht die Tendenz zur Empathie als vorläufigen Endpunkt einer Weltgeschichte.

Dass sich am Zugang alles entscheidet, ist alles andere als neu. Aristoteles sagte: Wenn du willst, dass deine Zuhörer weinen, dann musst du das sagen, was sie zum Weinen bringen kann. Wenn du willst, dass sie lachen, dann such Zugang zu dem, über das sie lachen können. Es ging ihm damals schon nicht nur um irgendwelche Gefühle, sondern um professionell Aufbereitetes, das sich einer Wirkungsabsicht unterordnet.

Das gilt auch heute noch. Der deutsche Soziologe Eugen Buß hat zu einer von ihm durchgeführten Studie geschrieben: »Die sehr positive Bewertung der Öffentlichkeit von emotionaler Kommunikation signalisiert, dass Unternehmen es zulassen können, die Standards der Kommunikations- und Informationspolitik zu emotionalisieren.« Die Hälfte der Befragten seiner Studie gaben an, sie fänden es gut, »wenn sich ein Topmanager bei Unternehmensentscheidungen von Gefühlen leiten lässt«. Daraus leitete er ein »Defizit an emotionalen Identifikationsfiguren im Bereich der Wirtschaft« ab, und generell, »dass sich die Deutschen auch mehr personale Nähe zu den Unternehmensleitern erhoffen – verbunden mit einem bestimmten

Grad an personifizierbarer Integrität«. »Würden Sie es sich wünschen … auch die leitenden Manager der größten deutschen Unternehmen besser kennenzulernen?« 39 Prozent sagen: »Das würde ich mir wünschen.« Werden Sie solchen Wünschen gerecht!

Persönlich sein ist am Ende das alles Entscheidende. Ich erinnere mich an eine Vorbereitung einer Betriebsversammlung. Der Klient sprang auf und sagte: »Wissen Sie was, ich hab's: Was ich nicht mit Menschen verbinden kann, das sage ich gar nicht – da können wir auch 'ne E-Mail schreiben oder paar PowerPoints schicken.« So radikal wird das nicht gehen, aber als Prinzip ist das hilfreich. Was sich nicht mit Stimmen und Köpfen verbinden lässt, die man sich vorstellen kann, das sollten auch Sie möglichst nicht kommunizieren. Umgekehrt heißt das: Geschichten mit realen Menschen. Sie sollten jede Gelegenheit wahrnehmen, Menschen vorkommen zu lassen. Damit vermeiden Sie das Prädikat »zu sachlich«. Beginnen Sie mit den Anderen: »wir hier«, »Sie alle«. Erst dann kommt Ihre Geschichte. Das Ziel muss sein: Der Hörer redet mit.

MÖGLICHKEITEN DES ZUGANGS

Ohne Anschluss keine Relevanz, und ohne Zugang keine Wirkung. Wollen Sie jemanden erreichen, muss die Äußerung breit beginnen. Eben nicht mit dem Inhalt und nicht mit sich selbst, sondern mit dem anderen. Am Ende sind es Taktiken – und danach einfache Formeln. Man kann sie Floskeln nennen, muss es aber nicht. Diese Formeln oder Floskeln setzen um, dass man am besten mit dem jeweils anderen beginnt – und so Zugang findet. Ich habe lange Zeit ein System aus Zugangsmöglichkeiten erprobt. Es geht um die Frage, ob man mit dem Kern der Nachricht, mit sich selbst oder mit dem Gegenüber beginnt.

Zugang funktioniert wie Punktschweißen. Man bindet, was man sagen will, immer wieder an den anderen an:

- Der erste Zugang ist immer der Blick. Klares Anblicken zeigt Gemeinsamkeit. Häufig entsteht dadurch auch Zustimmung.
- Der zweite ist Gestik: Die Hand heben, auf den andern zeigen. Mit geöffneter Hand.
- Die dritte Möglichkeit: Mit Namen ansprechen.
- Die vierte ist die gemeinsam erlebte Story. Denn das Narrative lässt uns Dinge besser merken.
- Die fünfte und wichtigste aber ist der explizite Bezug auf die anderen: »Wir hatten ja schon darüber gesprochen«, »Deshalb hatten Sie ja gefragt«, »Darum sind Sie ja gekommen.«

Zugang schaffen wir zum Beispiel durch Re-Verbalisierungen, die sagen, was der andere fühlt – und so Rede und Antwort am sichersten persönlich machen:

»Sie haben recht.«

»Ja klar, Sie sagen es.«

»Sie sehen diese Zahl und fragen: Was ist da los?«

»Viele Menschen fragen sich.«

»Frau Müller, Sie haben sich geärgert!«

In Events ist es eine probate Möglichkeit, Einzelne herauszugreifen, konkrete Menschen anzusprechen oder zu nennen. Immer wieder werde ich gefragt, ob man das nicht besser lassen sollte; andere könnten sich zurückgesetzt fühlen. Ich denke nicht. Jede Ansprache bringt Wert. Je mehr, desto besser.

Persönlich wird jeder Sachverhalt sofort durch direkte Fragen.

Das Prinzip Zugang heißt: Möglichst persönlicher Beginn. Geschichten sind hier das Wirkungsvollste. Warum lesen wir Biografien? Wir wollen wissen, wie genau jemand etwas erlebt hat. Wie ging es den Beteiligten? Welches Gefühl hatten sie, was trieb sie an? Das ist die Story! Der Psychologe Jerome Bruner hat herausgefunden: Die Wahrscheinlichkeit, dass etwas nachhaltig wirkt, ist mit einer Story 20-mal höher. 20 Mal! Das ist, als ob Sie auf einen Schlag fünf neue Kunden gewinnen, obwohl Sie sich um nur einen bemühten.

Storys, wirklich?, höre ich Sie sagen. Ja: aber bei ernsten Zusammenhängen? Ja! Sogar in ernsten juristischen oder politischen Kontexten. Der Vorsitzende des US-Ausschusses zur Abgasaffäre von VW begann sein Statement vor dem Energie- und Handelsausschuss des US-Repräsentantenhauses mit freundlichen, fast mit schönen Worten: Der Käfer, ein VW, sei sein allererstes Auto gewesen. Er konnte den Motor auseinanderbauen – und wieder zusammensetzen. Er wurde richtig persönlich, unsachlich sozusagen: »Ich liebte es.« Die Vorwürfe gegen VW erschütterten ihn. Eine juristische Angelegenheit, aber der Redner suchte Persönliches, er wusste: Es kann noch so juristisch sein, am Ende sitzen Menschen da. Und er wusste, dass Ausschnitte seines Plädoyers in die Welt gehen. Aber auch vor Bildschirmen und an Smartphones sitzen Personen, deshalb begann er persönlich.

VOM INFORMIEREN ZUM STIMMUNGMACHEN

Die beiden Aufgaben von Executives sind: nach innen Zusammenarbeit organisieren und nach außen Freunde schaffen. Für keines von beidem genügt es, irgendjemanden über irgendetwas zu informieren. Sie müssen oft etwas ganz anderes tun, als man Ihnen vorgibt oder aufträgt. In meinem Buch *Rhetorik und Public Relations* heißt ein Kapitel »Von Logik zu Psychologik«. Im Führungsalltag können Sie das täglich erleben. Wir sprechen davon, diese oder jene Chart-Folge etwa sei »logisch«. Aber das trifft bei Weitem nicht immer zu. Kommt uns etwa eine Reihe von Slides stimmig vor, dann unterstützt sie oft genug Wirkungen, die eher psychologisch sind. Kein gutes Statement zu einer Betriebsversammlung, kaum eines zu einer Führungskräftetagung und selbst ein als noch so sachlich angekündigter Vortrag etwa auf einer Branchentagung lässt sich mit Logik hinreichend erklären. Denn eine quasimathematische Logik gibt es allenfalls in sachlich angeordneten Handouts. Führungswirkung aber heißt, vom Logischen zum Psychologischen. Zum Executive Modus gehört insofern: Stimmung machen.

Hinter dem Prinzip des Zugangs können wir einen Trend erkennen: von einer eher männlichen zu einer eher weiblichen Rhetorik. Zugewandtes, Zuhörendes, Mitnehmendes, Geschichten Erzählendes, das scheint sich heute erfolgreicher zu erweisen als Logik. Anders gesagt: Empathie schlägt logische Überwältigung. Wirkungsvolle Rhetorik ist Psychologik.

Von links nach rechts, von sachlich zu persönlich, das ist zugleich auch ein Weg vom Informieren zum Überzeugen. Sachverhalte darlegen zeichnet eher den Experten auf der linken Seite des Spiels aus. Alles Erläutern, Aufzählen und Informieren nützt nichts, wo die Aufgabe eines Executives heißt: Werde persönlich!

3 Von vollständig zu Auswahl

Den schlimmsten Satz kennen Sie. Er begegnet allen, die oft Präsentationen vorbereiten, an jeder Ecke. Er heißt: »Muss noch rein.« Dieses oder jenes muss noch rein, denn die Fachabteilung hat geliefert oder eben noch nicht geliefert. Ein Logo muss noch sein in der neuen Variante. Das neue Blau ist gekommen, das neue Grün. Oder die Quelle muss noch rein.

Es ist das Pre-Read-Problem. Ein PowerPoint-Handout ist vielleicht schon in der Welt, vollständig, juristisch unangreifbar, nicht selten die Arbeit von Monaten. Sie mussten eine Fassung der Charts vorab versenden, nach oben, in die USA, an einen Veranstalter, egal. Das ist schön und gut, und das mag seinen Sinn haben. Die haben ein Recht auf vollständige Information und ganzen Rapport.

Aber Ihr Auftrag, wenn Sie im Business Review vor dem Vorstand stehen, ist ein gänzlich anderer: Sie wollen durch Auftritt, Argumente und Stimme von etwas überzeugen. Nennen Sie die Punkte, und machen Sie das gut, dann kommt kaum jemand auf die Idee, Sie mögen alles sagen. Sollte es dennoch jemand von Ihnen verlangen, sagen Sie kurz und mutig: »Das geht nicht!« Sie müssen eine Auswahl geben.

Was für Charts gilt, gilt auch für Texte. Vollständigkeit gilt als eine der großen Tugenden, aber sie gehört auf die linke Seite der Führungsrhetorik. Typisch für kleinschriftige Berichte und Handouts.

Ich habe ein paar Jahre unter anderem für Radiosender gearbeitet: »Alles drin?«, fragte der Redaktionsleiter, als der Zwei-Minuten-Beitrag fertig war? Und wir sagten: »Ja, aber es kommt nicht wieder raus!« Im Ernst. Machen wir uns klar, dass wir in einem schlicht linearen Ablauf etwas sagen oder zeigen. Es ist nicht machbar, alles zu sagen oder zu zeigen, und es will auch niemand. Zeigen Sie eine Auswahl! Am Ende gewinnen die, die das Spiel ablehnen! Und üben Sie es, sagen Sie laut und deutlich in den Raum hinein, wer auch immer neben Ihnen steht: »Bitte nichts mehr rein!«

Unsere Großmütter wussten das alles. »Nur arme Leute zeigen ihrem Besuch alles, was sie haben!« Im Executive Modus sollten Sie nicht das tun, was arme Leute tun.

4 Von schriftlich zu mündlich

Sie werden etwas sagen. Sie machen sich einen Plan dazu, was Sie sagen wollen. Was kommt heraus? Ein Text! Vor allem Deutsche – auch Österreicher und Deutschschweizer – schreiben gern Texte, wo es eigentlich um mündliche Auftritte geht. Viele Reden lassen sich verschriftet gut lesen. Aber gesprochen wirkt der Text gestelzt, distanziert und oft kompliziert.

Die deutsche Schulbildung hat uns fest im Griff: Wir sind erzogen worden, so zu formulieren, wie der Professor seinen Aufsatz schreiben würde. Unsere Zuhörer baden es aus. Über eine Pressekonferenz schrieb eine Zeitung: »Mit stoischer Ruhe« lese der Spitzenmanager seinen Text vor wie einen langen Brief. Unsprechbares wird gesprochen, und Unanhörbares bleibt unverstanden. Schriftlich vorbereitet. Und schriftdeutsch dazu.

RENAISSANCE DER MÜNDLICHKEIT

Mein erstes Buch, das sich an Manager wendete, begann mit dem Kapitel »Die neue Mündlichkeit«. Inzwischen geht es erst richtig los mit dieser Bewegung; es gibt heute noch viel mehr Gründe, das Mündliche zu professionalisieren: Soziale Medien feiern eine Renaissance des Mündlichen; Instant Messengers und Chat-Formate aller Art basieren auf Mündlichkeit. Sprechende Köpfe schauen einen allenthalben an. Video ist eines der ganz großen Kommunikationsmittel geworden, nach innen und nach außen. Wenn Sie etwas zu sagen haben, dann sagen Sie es – und schreiben Sie es besser nicht.

Wir erleben gerade eine Ausweitung jeglicher Live Communication: Mehr Video, mehr Gesicht, mehr Gesichter, mehr Mündliches, immer mehr Corporate Events: Führungskräfte- und Strategietagungen, Mitarbeiter-All-Hands-Events, Town

Halls: So wird Nähe geschaffen, und Wert. Nach innen und außen hat sich die Qualität der Executive-Auftritte deutlich verbessert. Die Branchentagungen zeigen teils Spitzenauftritte, wo früher irgendwelche Bildchen gezeigt oder etwas vorgelesen wurde.

Die Renaissance der Mündlichkeit ist ein globaler Trend. An der Spitze stehen TED Talks (Technology – Emotion – Design), 10 bis 17 Minuten, jemand erzählt eine Story, eine These, meist mit persönlichem Hintergrund, die sogleich Relevanz für das Publikum herstellen muss. Die Distribution ist immer derselbe Dreiklang: Live auf der Bühne, im geschlossenen Kreis zahlenden Publikums – gleichzeitig live übertragen – und sodann auf YouTube gesetzt. Sehr professionelle Aktionen, freiredend, wenig Charts, mit allen zwölf Prinzipien, die ich hier ausbreite, und keine Rede erreicht zwanzig Minuten. Wegen der enormen globalen Bedeutung der rhetorischen Viertelstunde entstehen Aufgeregtheit und Komplexität, die man am Ende wieder einfangen muss. Mein eigener TEDx Talk zum Zielsatz Prinzip dauert 12 Minuten: »Disrupting the Conventional Speech«.

Die Remote-Wende der Kommunikation durch Pandemien und welche Umstände auch immer, – sie wäre ohnehin gekommen – beschleunigt den Trend zur Mündlichkeit. Und sie verschärft den Ruf nach Qualität. Rede und Antwort müssen weiter verbessert werden; Unwirksame öffentliche Rede wird bestreikt, wo der PC als Tor zur Welt ohnehin alles Gesprochene uniformiert. Wo Raum-Atmosphäre fehlt, wird attraktive Rhetorik zur Pflicht. Die Regeln: Stehen statt sitzen – mehr Zugang und direkte Ansprach und deutlicher pointieren – nach dem Zielsatz-Prinzip.

Die Executive Event-Industrie führt jeden Tag vor: Sprechende Köpfe schaffen Wert; TED & Co. fordern äußerste Professionalität. Nicht ohne Risiko, aber mit reichem Lohn. Man lässt ein paar Leute reden, eigentlich trivial, billig, sollte man meinen. Das ist es nicht. Gute Redner sind teurer als gute Schreiber. Trotzdem beißen immer mehr Organisationen, die auf Wirkung aus sind, in diesen Apfel. Sie wissen: Mündliches ist heute oft wirksamer als Schriftliches.

Noch einmal zu uns hier. Sicher, mit einem Text in der Hand ist scheinbar Ihr Einsatz gering. Sie müssen nicht selbst ran, Sie können sich hinter einem Sprachwerk verstecken. Aber Sie müssen eben auch wissen: Einsatz gering, aber Risiko hoch. Ich kenne hunderte Texte, die oft schon deshalb verdächtig sind, weil sie schriftdeutsch sind: »Gutes Deutsch«!

Wer mehr schreibt als Reden hält, dem geht das Schriftdeutsche in Fleisch und Blut über. Die schriftliche Formulierung infiziert unsere eigentlich mündlichen Äußerungen.

Und das ist das Problem. Schriftliches schafft Distanz, das ist besonders nach innen verheerend. Sie sollten gar nicht erst versuchen, Mitarbeiter in Hirtenbriefen einzunorden, wie Reinhard Sprenger es ausdrückt. Die werden sowieso seltener.

Kunden sagen ohnehin, dass Schriftprodukte vor allem nach außen weniger beachtet werden, als die Unternehmen glauben. Rede wird zudem als effizienter angesehen als Schriftprodukte. Noch wird die Hotline präferiert, Hauptsache, eine menschliche Stimme ist zu hören. Selbst in überzeugender Finanzkommunikation wirkt eben nicht in erster Linie alles Gedruckte, sondern die Köpfe des Managements sind wesentlich. Wer Investoren fragt, hört, dass die Roadshow das Beste sei, vor allen Charts, das Herumreisen von Stadt zu Stadt, mit Gesprächen, nach denen über die ganze finanzielle Existenz entschieden wird. Es scheint ein Prinzip zu gelten: Je mehr Gespräch, desto mehr Wirkung.

Reden wir noch über die Feinde der Wirkung aus schriftlicher Sprache; es sind die immer gleichen Phänomene:

1. Langsätzigkeit

Die Satzlänge im Schriftlichen ist signifikant höher als im Mündlichen. Das A und O – der erste Grund für kurze, wenn auch nicht der Wichtigste, aber auch interessant: Mündliche Sprache kann pure Effizienz mit sich bringen. Kurzschrittiges wird immer besser verstanden, immer. Das Prinzip ist auch relativ unabhängig vom Publikum, Hörverstehen funktioniert immer gleich, vor Kunstinteressierten ebenso wie vor Fabrikarbeitern wie vor Finanzanalysten. Die Not der Kurzsätzigkeit ist sprach-universal; im Englischen etwa gilt dasselbe.

Kurzsätziges wirkt oft kurzweiliger. Und das Publikum erwartet Kurzsätzigkeit, auch wenn es noch so viele Gegenargumente geben sollte, die ich immer wieder höre. Hartnäckig wird Langsätzigkeit mit Intelligenz verwechselt: »Aber ich rede doch mit intelligenten Leuten!«. Auch ein Trend zum kurzen Satz ist seit Jahrzenten belegt; er ist anhand von Experten-Statements im TV untersucht worden. 1975 hatten noch fast 1 % der Sätze 33 Wörter. Bitte nicht sauer sein, wenn ich keine neue Studie recherchiert habe. Wie es heute ist, können Sie an den Kurznachrichten Ihrer Kinder ablesen. Schriftliche Kommunikation wird mündlicher.

2. Reden in der dritten Person

Ein Manager bekommt einen Textvorschlag für eine Ansprache an Mitarbeiter. Er soll zum Beispiel sagen: »Unsere Mitarbeiter sind uns wichtig.« Er fragt seine Kommunikateure: »Die sitzen doch vor mir, warum rede ich die nicht an?« Formulierungen der Schriftsprache »Ja, wir hatten erwartet, dass jemand diese Frage stellen würde – dass diese Frage kommen würde.« Stattdessen lässt sich direkter sagen: »Wir haben erwartet, dass Sie das interessieren würde.« Erste Regel der mündlichen Sprache – und des Executive Modus: erste Person, immer!

3. Aggregierungen (generischer Sprachstil)

In Manuskripten, Stichwortkonzepten und freier Rede wird allgemeingültig formuliert, für möglichst viele Einzelfälle gültig; also generisch. Formulierungen kommen heraus, wie sie häufig auf Chart-Überschriften zu sehen sind. Eine »Sicherstellung einer ganzheitlichen Betrachtungsweise« erzeugt keine Bilder, weil es nichts Konkretes beschreibt. Generisch, für vieles gültig, aber für nichts konkret. »Regionale Folklore«, »landestypische Küche«, das ist generische Sprache; hinter »ganzheitliche Betrachtungsweise« – wie auch hinter »Strukturen« und »Prozessen« – verbirgt sich für den Sprecher eine Welt, für den Hörer aber oft nichts oder zu wenig, dass sie oder er sich vorstellen kann. Die Schriftsprache verwendet solche hochaggregierenden Begriffe, die beim einmaligen Hören nicht zu verstehen sind. Ganz schlimm ist es, wenn von Bereichen die Rede ist, etwa »Maßnahmen im Urlaubsbereich«. Das Mündlich-Rhetorische ist eher konkret. Es ist eine Abstufung: von bloß Generischem zu auf Wirkung Getrimmten.

Ein Beispiel:

Generisch: ungünstige politische Rahmenbedingungen
Konkret: jeden Monat ein neues Gesetz
Rhetorisch: ständig eine Sau durchs Dorf gehetzt

4. Verschachtelungen

Oralität und Literalität bringen beide gänzlich andere Sprachformen mit sich. Walter Ong hat in seinem berühmten Buch über Oralität und Literalität die bedeutendsten Prinzipien gezeigt. Das vielleicht Wichtigste: Mündliches ist additiv-linear, eins nach dem anderen, parataktisch, also niemals verschachtelt, nicht hypotaktisch. Daher kommt der zunächst platt anmutende Rat, möglichst in Hauptsätzen zu sprechen. Er ist richtig.

5. Verschleierungen

Dieses Thema ist längst in der Belletristik angekommen. In Rolf Hochhuths Stück *McKinsey kommt* heißt ein ganzer Akt tatsächlich: »Beim Medientrainer«. Hier arbeitet ein Berater an einer Rede an Mitarbeitern mit generischen Begriffen, die zeigen, wie man verschleiert, damit Mitarbeiter hinters Licht geführt werden: Das gibt es zuhauf, auch nach außen. Wenn ein Jahr »stark durch Ausschüttungen an Anteilseigner geprägt« ist, dann laufen Sie am besten weg! Das nächste könnte schlechter werden.

6. Verlängerungen

Lange Frage, lange Antwort – kurze Frage, kurze Antwort. Damit haben wir alle größte Schwierigkeiten. Wer jemals Statements für TV oder Radio trainierte, etwas in 17 oder 35 oder 45 Sekunden zu sagen, der weiß das. Ich habe ein paar Jahre für die ARD- und ZDF-Fortbildung Moderatoren trainiert. Wir haben dort kleine simple Studien durchgeführt. Wir erkundeten die Länge der Fragen und die Länge der Antworten. Raten Sie mal. Je länger die Frage, desto länger die Antwort, und je wirrer die Frage, desto wirrer die Antwort. Gehen Sie besser nicht in diese Falle – was auch immer Sie gefragt werden.

7. Literarisierungen (Industrielyrik)

In einem Hotel in Antalya weist eine Fahrstuhltafel darauf hin, dass dieses Hotel »ein erfolgreicher Vorreiter im Tourismus« sei. Das können nur Deutsche geschrieben haben, und für die nicht deutschen Gäste wird daraus gleich in kreativem Englisch: »successful outrider«.

Das wird ein längerer Abschnitt, weil es so viel davon gibt: Konzentrierte Umsetzung, konsequente Einhaltungen, strategische Weichenstellungen vorantreiben, sich großen Herausforderungen stellen, in einen offenen Dialog eintreten, Themen identifizieren und in die Organisation einsteuern. Was schon im Alltag ausgetreten wirkt – in den wohlverdienten Urlaub starten, in den wohlverdienten Unruhestand treten –, wird im Business professionalisiert.

Lyrik ist das deshalb, und genau das ist das Problem, weil es sprachlich abhebt. Das geht so heroisch los, mit einem heroischen Verb: einem tief greifenden Wandel unterworfen sein, auf strategischen Säulen ruhen, den Schlüssel zum Erfolg in der Hand halten, die Richtschnur unseres Handelns kennen. Oder wirklich lyrisch: auf einem tiefen Wachstumspfad wandeln. Industrielyrik hat eine zweite Wirkung: Aufblähung. Das ist ein zu hoher Stil, in dem man kaum jemanden überzeugen kann. Das Affirmative daran: das Selbstlobende ist besonders gefährlich. Auf unserem erfolgreichen Weg weiter voranschreiten, so etwas hatte Erich Honecker auf Plakate schreiben lassen. Schöpfen Sie Verdacht. Wir wissen was daraus wurde.

Industrielyrik erkennen Sie oft an exzessiven Attributen: reichhaltiges Sortiment, namhafte Designer, informative Gespräche, interessante Thesen, verzweifelte Versuche, schonungsloses Feedback, drakonische Strafen, konstruktive Dialoge, tief greifende Veränderungen und immer wieder strategische Herausforderungen, herausforderndes Umfeld und, ganz klar, stetiger Wandel. Lyrik mit immer gleichen Attribuierungen kommt auch im Alltag vor – bittere Niederlagen, stolze Gewinner und fleißige Bienchen –, aber niemals so exzessiv wie im Business. Schreiben Sie weniger Attribute in Ihre Stichwortkonzepte, denn wenn Sie frei nach Stichwörtern formulieren, fallen Ihnen auch brauchbare Attribute ein.

Psycholinguistische Studien haben längst gezeigt, dass wir nicht nur Vorstellungen im Gehirn entwickeln, sondern sogar Körperbewegungen aktivieren – etwa wenn wir bestimmte Wörter hören. Knoblauch oder Zimt lösen etwas aus. Wer in einer Betriebsversammlung ein konkretes Wort hört, sagen wir:

»Manche von Ihnen sind schneller zu den Kunden gelaufen.« oder »Viele von Ihnen haben mit angepackt, um das alles wieder rumzudrehen.«, bei dem entstehen dann Muskelbewegungen – von laufen und drehen. Solche Wörter wirken stärker als Wörter ohne Aktionsvorstellung. Embodied Cognition nennt das die Psycholinguistik.

Diese Verkörperung von Gedachtem geschähe nie und nimmer bei den generischen Wörtern unserer Businesslyrik, die ja für eine ganze Klasse gelten müssen und deshalb so unkonkret sind. Ich muss einfach den beliebtesten generischen Begriff auf unserem Feld nehmen: »gemeinsames Führungsverständnis«. Was geschieht? Keine Bewegung wird assoziiert, nichts. Wenn Ihnen Berater so etwas anbieten oder gar in Ihre Manuskripte oder Charts schreiben, dann bezahlen Sie dafür kein Geld, nichts.

ARGUMENTE HOCH – SPRACHE RUNTER

Das eigentliche Problem: Industrielyrik schwebt sprachlich hoch – und erreicht gerade deshalb keine Flughöhe. Und unsere Sprache ist oft zu hoch. Führungswirkung braucht das Umgekehrte.

Wechseln Sie in den eher angelsächsischen Modus, in dem die Argumente oft aus größerer Flughöhe kommen, die Sprache aber gerade nicht. Inhalt hoch, Sprache tief, wie in Bild 3.1.

NIEMALS AUSFORMULIERTER TEXT

Es scheint um eine Domestizierung der Menschen durch Organisationen mittels Texten zu gehen. Der Grund ist der Wunsch nach Sicherheit. Der Auftritt des Managements ist das Unsicherste überhaupt; der Vorstand selbst ist ein kommunikatives Risiko. Als Redender, als *talking head*, sind Sie als Manager eben auch ein kommunikatives Risiko; die Kommunikationsleute in den Unternehmen suchen deshalb ihr Heil darin, dass sie Texte schreiben. Das schafft vermeintlich Sicherheit. Für sie selbst – und die Organisation. Ein früherer Vorstandsvorsitzender der Deutschen Telekom sagte: »Wenn Sie auftreten, sind Sie nicht mehr so leicht durch die Organisation, die Sie vertreten, kontrollierbar.« Sicher auch deshalb werden Manager durch Texte domestiziert.

Ein Paradox: Gleichzeitig bekommen Sie einen ganz anderen Rat. »Frei reden!«

Aber wie geht das mit Text zusammen? Die Vorbereitung aus der Organisation sieht aber meist so gar nicht nach freier Rede aus. Das beginnt ganz oben und setzt sich nach unten fort: Noch immer wird viel mehr Text vorbereitet, als am Ende gesprochen wird. Glauben Sie mir: Vieles davon wird nicht einmal durchgelesen.

Text vorlesen – oder versuchen genauso schriftdeutsch zu sprechen – ist vor allem in internen Veranstaltungen absurd, denn nur Minuten nach den meisten Vorträgen werden Fragen gestellt, dann ist die Sicherheit sowieso dahin, und dann wird nicht selten »frei von der Leber weg« geredet, ganz authentisch, was einem so einfällt. Durch das Vorlesen entkommt man der Gefahr also nicht. Das ist allenfalls auf den großen Hauptversammlungen sinnvoll. Aber auch hier gibt es Ausnahmen. Schon im MDAX und TecDAX gibt es mehrere CEOs, die auf Hauptversammlungen frei nach Stichworten reden, und im DAX-30 mindestens einen.

Je komplexer Unternehmungen sind, desto mehr Texte werden für Auftritte verfasst. Das Gefährliche daran: Text braucht immer einen Übersetzungsschritt. Es ist ein weiter Weg vom Text zum Aussprechen.

Schriftdeutsche Sätze haben deshalb in Notizen nichts zu suchen – es sollten nur Stichwörter sein. Und wenn schon Notizen nötig sind, dann schreiben Sie sie besser selbst. Und wenn Sie sich schon Sprachmaterial schreiben lassen, dann nur von Menschen, die wissen, was Sie sagen wollen. Wissen die es nicht, tut es auch kein Text.

»SCHREIBEN FÜRS HÖREN«

Wenn schon eine Rede aufgeschrieben werden sollte, dann zumindest so, wie mündliche Sprache üblicherweise ist.

Die wirkungsvollen Sätze, die so scheinen, als kämen sie geradewegs von innen, sind die mündlichen, nicht selten grammatisch falsch – und oft *slang*. Als das Telefon der Kanzlerin abgehört wurde, sagte sie: »Freunde bespitzeln: Das geht gar nicht!« So etwas wirkungsvoll Kurzes würde in keinem Schrifttext stehen.

So müsste man schreiben, wenn man denn Text schreibt, das ist mündlich. Aber wie schreibt man mündliche Sprache? Für mein Buch *Schreiben fürs Hören* habe ich alle Studien zu dieser Frage gelesen, und sie sagen ausnahmslos dasselbe:

- Es wird dasjenige besser verstanden und es ist das wirksamer, was nahe an der Sprache ist, die sonst auch gesprochen wird.
- Es darf niemals schriftdeutsch vorbereitet werden, was mündlich ausgesprochen werden soll.

Schließlich: Mündliche Sprache kann auch pure Effizienz mit sich bringen. Von schriftlich zu mündlich, das heißt praktisch: Sprechen Sie, von Angesicht zu Angesicht, und wenn es viele Angesichter sind, medial. Nutzen Sie alle Möglichkeiten der Live-Kommunikation:

- Ein Essen mit Führungskräften oder ausgewählten Mitarbeitern.
- Kaminabende in einem kleineren Kreis, etwa zehn bis 20 Mitarbeiter oder Führungskräfte über alle Ebenen hinweg.

Diese Situationen sollten im regelmäßigen Turnus oder nach Anlässen organisiert sein. Ganz wichtig sind Besuche in Abteilungen oder Regionen, die *Road Show*. Bereiten Sie nicht zu viel im Voraus vor. Zu viel, oft zu perfekt, ist vieles, das dann doch ganz anders kommt: Längere Events beginnen mit einer Rede der führenden Personen, zwischendurch sollten die Themen aufgenommen werden, und das Event sollte mit derselben Person enden. Zum Beispiel in Führungskräftekonferenzen ist es sinnvoll, Zug um Zug die Äußerungen vorzubereiten. Zug um Zug deshalb, weil Rede und Antwort kaum vollständig fertig sein können, so lange nicht die aktuelle Stimmung der Veranstaltung eingeflossen ist. Fertiger Text ist teils sinnlos, so lange Ihnen nicht die aktuelle Stimmung der Veranstaltung bekannt ist. Das können Sie kaum Wochen vor der Veranstaltung wissen, und Redenschreiber erst recht nicht. Ich habe gute Erfahrungen mit einer iterativen Erarbeitung von Reden.

Je weiter Sie nach rechts auf die Executive-Seite des Spiels wollen, in den Executive Modus, desto mündlicher sollten Sie formulieren. Auf der rechten Executive-Seite der Führungskommunikation gilt: Mündlich statt schriftlich formulieren!

5 Von Papier zu Aktion

Ein Meeting, eine scheinbar harmlose Präsentation, eine Betriebsversammlung, ein TV-Interview. Niemand will unvorbereitet sein, nur soll die Vorbereitung nicht Zeit kosten, vor allem bei eher weichen Themen. Allenfalls bei einem Business

Review vor dem Vorstand, das wird ernster genommen. Wer keine Zeit zur persönlichen Vorbereitung aufwenden will, lässt sich Papier liefern.

Die Vorbereitung von Rede und Antwort beginnt so oft unter falscher Voraussetzung. Auftritt heißt hierzulande: eine Tüte voll Produkte – Redetext, einige Seiten Fragen und Antworten, ein Stapel Charts. Das mag Ihnen recht sein, warum auch nicht? Wir klammern uns an Anfassbares, das wir abheften können, vorzeigen und herumschicken.

Aber gerade bei weichen Themen müssen Sie sich in den Film einfühlen, in dem Sie spielen. Gerade das aber leistet kein Papierstapel. Umso verwunderlicher ist es, wenn in Unternehmen ein Kommunikationsverständnis von anno dunnemals lebt, das voll auf der linken Seite sich austobt. Beobachten Sie, welche Aussagen über, sagen wir mal, eine PowerPoint-Präsentation gemacht werden: »Ist unser Blau gut rausgekommen?« Die ganze neurotische Libido wird in Charts sublimiert.

Wo es eine Visualisierung einer Überzeugungsaktion braucht, wird ein Handout ausgeteilt und »erläutert«. »Auf einen Blick sehen« soll man da irgendwas. Aber niemand kann »auf einen Blick« sehen, schon gar nicht, wenn ein Mensch neben den Charts spricht. Trotzdem wird die Botschaft in Handouts gedruckt, oft ohne an die spätere Performance zu denken. Der *action title* soll manchmal *action* ersparen.

Was bekommen Sie von Ihren Leuten oder von Beratern, wenn Sie sie bitten, etwas vorzubereiten? Was Sie bestellt haben! Papier! Kommunikation ist Papierkommunikation. Wessen Werkzeug ein Hammer ist, der sieht überall Nägel. Das könnte der Grund sein für die Flut von Redemanuskripten. Redenschreiber sind Schreiber. Sie kommen oft von Zeitungen und Blogs, aus der Textarbeit. Das Ergebnis ihrer ehrbaren Arbeit sind Papiere. Texte, Charts, hier ein Stapel, dort ein

Ordner voll Q&A. Je höher Sie kommen, desto öfter unterstützen Sie professionelle Kommunikatoren. Der Redenschreiber schreibt noch mal mehr. »Der Vortrag ist fertig«, »Die Präsentation ist fertig«, heißt es dann. Aber das ist es nicht – es liegen nur Papiere auf dem Tisch.

Dahinter steht ein Missverständnis. Manch einer behandelt Auftritte vom Papier aus: nicht als Aktion, was Rede und Antwort sind, sondern als Produkt. Jemand sollte einen Text liefern, eine andere Person Charts. Wenn alles so schön auf dem Tisch liegt, kann einem so leicht nichts passieren. Aber ein Text ist keine Rede, Q&A sind keine Antworten, und 17 Charts sind kein Plan! Und ein Handout ist kein Plan für ein gutes Meeting oder Gespräch.

Noch so viel Papier, und am Ende kostet es ja doch Zeit! Es gibt viele, die bis in die Nacht persönlich Hand anlegen: hier noch ein Strich, da noch ein Attribut, dort noch ein Balken. Und am Morgen wissen sie noch immer nicht, wie sie dieses oder jenes Statement einleiten sollen. Sie sind eben kein Handout, und ihr Auftritt ist kein Text.

Es mag verständlich sein, in Texten und Tafeln zu denken, bevor man Wichtiges redet oder antwortet. Man ist sortiert, findet Worte, man hat einen Plan. Es ist nur das falsche Produkt, um damit loszulaufen. Auf dem Papier sieht alles hübsch ordentlich aus, aber es bleibt Chart und Text. Aber Sie müssen Rede und Antwort proben. Niemals genügen dafür Texte. Es geht um Aktionen. Und es gibt keine Aktion auf der Welt, die ohne Proben, ad hoc, gut geworden wäre. Die Vorbereitung *in Aktion* kostet Zeit, aber richtig gute spart auch Zeit.

Das Wort ist Fleisch geworden, und es ist eben nicht Papier geblieben. Ihr Körper ist die Inkarnation der Botschaft. Es geht um Aktion! Die müssen Sie proben. Die entscheidenden Situationen sind immer Aktionen. Wir sehen einen globalen Trend: Führungskultur wird immer mehr Eventkultur. An entscheidenden Wegpunkten aller Strategien stehen immer öfter Aktionen. Man trifft sich, statt Dateien auszutauschen. In immer mehr Unternehmen werden zu einzelnen Themen und Issues Komitees gebildet, gemischte Gruppen von Experten und Executives, die sich über ein Thema beugen. Aber was wird vor dem Komitee-Meeting eingereicht? Papier. Am Ende ersetzt Papier die Expertendiskussion: Wir brauchen nicht mehr zu reden; wir haben alles gelesen. Nähme man das ernst, müsste das entsprechende Event abgeblasen werden.

Denn Sie haben morgen 20 Sekunden oder eine Minute zu reden, oder eine Stunde. Und Ihre Fragen sind ganz andere. Was sollen Sie tun? Wo werden Sie stehen, wie werden Sie durch die Tür kommen? Denken Sie deshalb nicht nur bis zum Text, zum Produkt. Denken Sie weiter! Nur dann, wenn der Mensch die Aktion durchgeprobt hat, kann es gut werden.

Meine Metapher für das Papier- und Aktionsthema ist der Sonntagnachmittag, der oft nur dafür bleibt: »Ich muss meinen Vortrag vorbereiten.« Charts werden ausgewählt, immer wieder komprimiert und am Ende lustlos eingepackt. Immerhin, manchmal schreiben Sie noch ein paar einleitende Worte, am Ende so lustlos, wie der Sonntagnachmittag war. Aber freitags zu proben ist besser, als am Sonntagnachmittag schlecht gelaunt Charts zu sortieren.

Ein Prinzip sollten Sie beachten: *Action follows content.* Der ganze Auftritt, Kleidung, Setting, Staging oder Soundbites der auftretenden Spitzenmanager, das alles sollte an Marke und Botschaften angebunden sein. In Reden und Antworten wiederholt sich im Idealfall die Markenwelt, wie auch in Chart und Grafik.

Im Falle größerer globaler Events wird sozialmedial verbreitet: Ausschnitte gehen ins Intranet. Nach dem Event gibt es Interviews. Im Event selbst wird gevotet. Fragen und Antworten werden ins System gesetzt. Oft wird der Content in Live

Events von Anfang an mit anderen Botschaftsplatzierungen zusammen geplant. Manche sehr sorgfältig ausgewählte Sequenz erscheint inzwischen auf YouTube. Manchmal produzieren wir immer mit Blick auf alle Medien, nicht nur auf das Live Event. Entwickeln Sie ein Gespür für Aktionen!

Sie selbst brauchen die Probe, die Aktion, das Gefühl für Raum, Stand und Präsenz, Bewegung im Raum, manchmal Bühnenpräsenz, Staging, Proxemik. Wie ist die Verteilung der Redeanteile, wie ist die Haltung, wie sind die Gänge, wer kommt von wo? Wie agiert das Team? Von welcher Seite fange ich an? Was zeige ich hoch? Sitzen wir oder stehen wir? Wer beginnt zuerst zu reden? Wie kommen wir rein?

Sie wollen, dass so etwas keine Zeit kostet? Vermeintliches Zeit sparen kostet hier allerdings Zeit. Keine Zeit, die Aktion zu proben, ist der falsche Weg. Probe bedeutet Zeitersparnis. Der Sonntagnachmittag, an dem Sie bisher lustlos auf Charts herummalten, ohne ein Event wirkungsvoll vorbereitet zu haben, ist dann frei, wenn Sie es freitags geprobt haben. Bereiten Sie Aktionen in Aktion vor!

6 Von recht behalten zu »Alles ist wahr!«

Die Leute von der Medienkommunikation der Schweizer Bahn SBB hatten eine wirklich große Idee. Zwei Kollegen zogen los. Sie befragten am Züricher Hauptbahnhof in Schweizerdeutsch Reisende nach ihrer Meinung zur SBB. Ganz schlecht, viele Verspätungen, Unsauberkeit, lauter Antworten, die man sich als Schweizer Qualitätsprodukt nicht wünscht. Am nächsten Tag fand die gleiche Befragung wieder statt, diesmal allerdings in Englisch. Aber da war alles gut! Wen sie auch fragten: Die beste Bahn der Welt, pünktlich, sauber, das weiß man ja. Man kann stolz sein, wirklich.

Es scheint immer mehrere Wahrheiten zu geben. Menschen

mit Gespür für Wirkung wissen das, sie suchen die passende Wahrheit, nicht die einzige – die es nicht gibt. Die Geschichte am schweizerischen Bahnhof zeigt nur auf ein Beispiel: Nach außen nur gut über das Eigene reden, eine andere Wahrheit zu sagen, scheint eine Möglichkeit zu sein, professionell zu reagieren.

Das entspricht so gar nicht unserer Sozialisation. Wir sind in Schulen, Kirchen und Universitäten mit einer Wahrheit groß geworden. Die Nachrichtensprecher mit dem Verkündigungston sind noch die letzten Brücken in die Vergangenheit, als es noch die eine Wahrheit gab: »Das Fernsehen hat's gesagt.« Damit werden Sie im Executive Modus wenig anfangen können.

Alles ist wahr, das entspricht so gar nicht unserer meist akademischen Erziehung. Die setzt drauf, im Diskurs nach der einen Wahrheit zu suchen. Wir alle haben an Hochschulen gelernt, mit Gründen zu streiten, zu argumentieren. Aber ist es Ziel von Führung, nach innen und Auftritt nach außen, recht zu behalten? Das ist es nicht. Es ist ein Missverständnis!

Experten wissen Wahrheiten. Und sie wissen vieles besser. Deshalb werden so viele als Bedenkenträger gesehen und oft auf dem Weg zum Executive aussortiert. In einer Executive-Rolle, das wissen alle Gremien und Aufsichtsräte, braucht es keine Besserwisser. Ein Beispiel: Wer in einer Betriebsversammlung etwas gefragt wird und zu Anfang sklavisch erst dies und das »richtigstellen« will, hat meist schon verloren. Sie erleben immer wieder, dass dem anderen gesagt werden muss, wie sehr sie oder er im Unrecht ist. »Das muss mal gesagt sein!« Ich habe einen DAX-30-CEO beraten, der regelmäßig gegenüber Journalisten frei heraus sagte, wie »faktenfrei« sie wieder geschrieben hätten. Er hatte oft genug recht. Es war aber nicht relevant. Er lernte, es war falsch, den anderen zu sagen, sie lägen falsch. Damit sind Sie auf der linken, auf der falschen Seite.

Links die Wissenschaft, die akademische Disputation um

reine und andere Lehren und deren Begründung. Auf der rechten Seite ist immerhin ein kleiner Teil der Wissenschaft, etwa die praktische Theologie. In der Predigt geht es um Gewinnung der Zuhörer, wer Meister Eckharts Schriften liest, bekommt eine Idee davon. Die Medizin kann ohnehin nur pragmatisch vorgehen, und in der Jurisprudenz ist ebenso eine praktische Seite, in dem Wort steckt ja *prudentia*, die Klugheit, dieselbe Klugheit, der es nicht nur um reine Wahrheiten geht, sondern um praktische Wirkung.

Nackte Tatsachen sind nicht nackt. Jedenfalls wirken sie nicht, wenn sie nackt bleiben. Wahrheiten setzen sich schon kaum in der Wissenschaft von allein durch. Selbst hier werden Ergebnisse inszeniert, und selbst schon die Versuchsanordnung hat rhetorische Beweiskraft. Galileo entdeckte die schiefe Ebene – eine hinunterrollende Kugel sollte zur Anerkennung der einen Wahrheit zwingen. Ein Tatsachenargument. Jürgen Habermas nannte das 400 Jahre später den »zwanglosen Zwang des besseren Argumentes«. Ganz zwanglos funktioniert das nie. Auch in den Wissenschaften sind Inszenierungen scheinbar ganz sachlicher Darstellungen von Studienergebnissen gang und gäbe. Inszenierung gehört immer schon sogar zu den Wissenschaften dazu, sobald Ergebnisse um Zustimmung werben. Sogar wo sich die Gemeinde der Fachleute verständigt, braucht es Inszenierung.

ANTWORTEN IM BELEHRUNGSMODUS

Reden wir von der »mündlichen Prüfung«, in der es besonders viel Rechthaberei gibt. Die Q&A, die Fragen und Antworten, füllen Ordner. Sie handeln davon, wie es wirklich ist, dafür ist das Papier ja da. Sie sollen in der Antwort den oder dem anderen sagen, was er falsch macht oder was sie falsch machen. In diesem Modus entstandene Antworten sind nicht selten Belehrungen, da wird richtiggestellt, erläutert, zurückgewiesen und doziert. Einer hat die Wahrheit und sagt es den anderen. Das geht kommunikativ richtig schief.

Das sollten Sie nicht Kommunikateuren in die Schuhe schieben, weil diese die Q&A schreiben. In den richtigen Modus müssen Sie am Ende selber kommen. Also: Mit keiner Richtigstellung und Belehrung kann man Freunde gewinnen. Wer aus dem Besserwissen herauskommt, vermeidet die mündliche Prüfung.

Rechthaberei ist gefährlich. Ich habe ein paar Jahre lang Fernsehmoderatoren trainiert. Wir warfen den Befragten aufregende Wörter hin. Und wir lernten, dass das fast immer klappt. Ein hingeworfenes »gescheitert« wird mit »keineswegs gescheitert« gekontert. Sie sollten die Taktik kennen. Verzichten Sie vor allem darauf, hingeworfene Reizwörter aufzunehmen, um dann zu argumentieren und recht behalten zu wollen. Es ist sinnlos und gefährlich. Oft sind Reizwörter leuchtende drastische Begriffe, die auf Details Bezug nehmen und wir auch noch verstärken. Jede Zurückweisung enthält Bestätigung des Vorwurfs. Sie müssen ignorieren lernen. Die Fähigkeit zur Ignoranz gehört übrigens zu den wichtigsten Eigenschaften der Führung.

Hinter diesem Rechthabenwollen auf der linken Seite steht oft unsere deutsche kleinliche juristische Spitzfindigkeit, Rechthaberei. Recht haben und behalten wollen behindert Sie ganz gewaltig dabei, in den Executive Modus zu kommen. Es hält unten fest, auf der Ebene der Details. Wer wie ein Verlierer seinen Standpunkt zappelnd verteidigt, fühlt sich wie ein Verlierer – und wird wie ein Verlierer behandelt. Wie Tiere wittern Menschen den Riss im Selbstvertrauen, wenn jemand von unten kommt. Der Schritt vom Argumentieren zum Rechtfertigen ist nicht weit. Der durch Interviewfragen hergestellte Rechtfertigungszwang hat Folgen. Er hat auf der Antwortseite

Redezwang zur Folge: Wir reden länger, wenn wir uns erklären wollen.

Wer von der einen alleinigen Wahrheit überzeugt ist, wird schnell zum Kommunikationshindernis. Recht behalten wollen verhindert Flughöhe. Es verhindert jegliches Darüberstehen. Was ist das höchste Darüberstehen? Ironie! In der Ironietheorie steht das Rechtbehalten auf der unteren Stufe. Ideologen und Zyniker wollen recht behalten.

Was wahr ist, darf auch gesagt werden, sagt man. Das ist schön, aber falsch, jedenfalls in Executive-Positionen: Was wahr ist, darf eben nicht immer gesagt werden. Ein deutscher Kanzlerkandidat klagt, das Gehalt des Bundeskanzlers sei deutlich niedriger als das für vergleichbare Positionen in der Wirtschaft. Das ist richtig, es passt aber nicht in den Wirkungsmodus, sich darüber zu beklagen.

ALLE HABEN RECHT

Wer auf der rechten Seite ist, im Executive Modus, handelt eher nach der Einsicht: Es gibt immer mehrere Wahrheiten. Das Gespür dafür, welche Wahrheit passt, bewahrt uns vor vielem. Dieses Denken zeichnet alle aus, die Executive-Wirkung entfalten. Bertolt Brecht wusste das: »Wer A sagt, der muss nicht B sagen. Er kann auch erkennen, dass A falsch war.«

Als Bill Clinton in seiner berühmten Rede in Charlotte 2012 die zweite Nominierung von Obama unterstützte, hieß sein erster Satz: »We are here [Pause] to nominate a president!« Das hat wahrlich Wirkung. Aber warum überhaupt? Weil es falsch und unwahr ist – und eigentlich sollte es noch kein Präsident sein, nur erst ein Präsidentschaftskandidat. Mancher deutsche Redner hätte grantig den Stift gezückt: Was hat der Redenschreiber da wieder geschrieben? Wir küren doch einen Präsidentschaftskandidaten und keinen Präsidenten! Das kommt aus der linken Expertenseite des Spiels. Dabei ging es um die rechte Seite, um Wirkung. Das eigentlich Unwahre kann oft Wirkung unterstützen.

Es gibt etwas Grundsätzliches, das dem Recht-haben-Wollen entgegensteht, eines mit Flughöhe sozusagen: Wer Argumente »tauscht«, hofft insgeheim auf einen Sieg. Und einer geht als Verlierer vom Platz. Das ist gerade nicht das rechte Ziel. Es ist sinnlos, anderen zu sagen, sie hätten Unrecht. Nur wer das versteht, kann intern zur Zusammenarbeit aufrufen – und extern Freunde schaffen.

Wer aus dem Belehrungsmodus kommt, kann andere mitnehmen. Das »bridging« ist ein Muss der angelsächsischen Gebrauchsrhetorik. Vor allem, wenn man angegriffen wird, ist die Brücke so hilfreich:

»Hätte ich früher auch gedacht.«

»Sieht im ersten Moment so aus.«

»Werden wir oft gefragt.«

»Das dachte ich mir – dass Sie das fragen würden.«

»Muss ja im ersten Moment so aussehen.«

»Kann man auch mal fragen.«

Alles ist wahr, das birgt die Chance, den Blick auf Alternativen zu richten. Ein über 2000 Jahre altes Thema: »Wir beraten nur über solche Dinge, welche sich allem Anschein nach auf zweierlei Weise verhalten können. Denn über das, was nicht anders sein kann, beratschlagt niemand. Das bringt nichts ein.« Schon Aristoteles nannte es »die Möglichkeit des Andersseins«.

Es geht um die Einsicht, dass alles wahr sein kann, auch sein Gegenteil. Lassen Sie eine Tür hinter sich offen. Sehen Sie genau hin, es könnte anders sein. Damit lehnen Sie das Dilemma auf der linken Expertenseite ab, nur dieses oder nur jenes könne wahr sein. Spielen Sie das Spiel nicht mit. »Wird das Regieren mit der Zeit leichter oder schwerer?«, wurde die frühere Bundeskanzlerin gefragt. »Schöner«, sagte sie, »schöner.«

Wer für ein Unternehmen als Executive arbeitet, vertritt dessen Interessen. Recht behalten gegen (!) Aktionäre, Mitarbeiter, Analysten, Journalisten, das wäre Kamikaze. Recht behalten wollen scheint unter den Bedingungen von Führung keine gute Idee zu sein. Die anderen haben immer auch recht, das ist ethisch.

Wer aus dem Korsett des Rechthabens herauskommt, kann Wirkung erzielen. Es gewinnt die Wahrheit dessen, der es wirkungsvoller sagt. Alle Fachidioten, Korinthenkacker und Erbsenzähler werden nicht schaffen, was einer schafft, der diese Einsicht hat. Kaum etwas zeigt die beiden Modi des Managens besser. Links die Experten, die aus Daten Wahrheiten herstellen, rechts Executives, die aus mehreren Wahrheiten Wirkung herstellen.

7 Von Neuigkeit zu Wiederholung

Eine Strategieberatung ist der Prototyp einer Organisation aus beinharten Analytikern. Deren Studien lassen nur gelten, was substanziell ist. Die Strategieberatung ist aber auch eine Organisation aus Leuten, die auf Wirkung aus sind. Ian Davis, der frühere Welt-Chef von McKinsey & Company, pflegte eine wirkungsvolle Eigenart. Einer der Direktoren dort nannte es »die Iansche Wiederholung«. Was mehrmals gesagt ist, bleibt. Wenn wir jetzt sagen, das ist trivial, eigentlich klar, dass man manches mehrfach sagen muss, dann fragen wir uns auch mal, warum es so selten umgesetzt wird.

Die Wiederholung ist verrufen. Die Deutschlehrer hatten ein Zeichen, das sie an den Rand schrieben, mit Rot: »Wdhlg«. Sie haben uns Angst eingejagt, und das war fatal. Was uns die Deutschlehrer sagten, gilt nur für den Aufsatz, für Führungskommunikation stimmt es ganz und gar nicht. Wir sollten nachträglich dagegen protestieren.

Außerhalb von Expertentexten reicht einmalige Nennung nie. Einmalige Nennung reicht in einer Excel-Tabelle, in Texten, die man nachlesen kann, in einem Traktat, aber niemals in einem lebendigen Gespräch. Wer Wirkung will, muss Wiederholung wollen. Das ist längst wissenschaftlich abgehakt, ein alter Hut. Walter Ong hat in seiner legendären Begründung der Mündlichkeit in den 1980er-Jahren gezeigt, dass die Wiederholung zu erfolgreicher mündlicher Kommunikation gehört. Die Wiederholung ist die Mutter der Klugheit, sagt ein russisches Sprichwort.

Wir reden vom Sprechen, nicht vom Schreiben; da muss man Wiederholungen streichen. In meinem Buch »Schreiben fürs Hören« ist deshalb Wiederholung ein zentrales Prinzip, für Sprache, die ins Ohr geht und nicht ins Auge.

Wiederholung kann zentrales Erfolgsprinzip sein. Als Beispiel erwähne ich noch einen inhaltsschweren Typ. Er ist Jurist, intellektuell, rechthaberisch, langsätzig, spricht sperrig und zu schnell, und er nuschelt. Wir glauben es nicht, aber so einer kann Rhetorik-Idol werden. Barack Obama, oder besser: sein Redenschreiber. Die beiden beherrschen die Gebetsmühle vorzüglich. Sie hatten den Soundbite »Yes, we can« eingebaut – der seitdem in jeder Rede Obamas vorkam. Die Wirkung wäre ohne Wiederholung schlicht undenkbar. Er war nicht der Erste. Napoleon wurde einmal nach rhetorischen Figuren gefragt. Er sagte, die Wiederholung sei die einzige, die er kenne.

Wer wenige Thesen wiederholt, erhöht die Wirkung. Nehmen wir den teuersten Redner der Welt, er kennt das Prinzip. Bill Clinton beschränkt sich auf wenige Thesen. Er sprach in seinem zweiten Wahlkampf zum Beispiel über Kooperationen (»One of the main reasons we ought to re-elect President

Obama is that he is still committed to constructive cooperation«). Von Anfang an wurde *collaboration* zu einem der wichtigsten Soundbites der beiden. Obama und Clinton wiederholten es, in einer Rede elfmal, in anderen Auftritten bis zu neunmal.

Viel schlimmer ist eher das Gegenteil, die oft hilflosen Versuche der Variation, um nicht mehrmals dasselbe Wort zu verwenden: »der begeisterte Weintrinker«, »der gelegentliche Hobbykoch«, »der Wahlberliner«. Wiederholen Sie einfach den Namen: Peter hat dies oder das getan. Ihre Zuhörer verstehen Sie.

Das Wiederholende schafft Rhythmus. Die Anapher, der gleiche Satzanfang, ist sehr wirkungsvoll. Oder auch als Rahmen. Gute Reden beginnen und enden mit demselben Satz. Wenn Sie auf der rechten Seite spielen wollen, dann wiederholen Sie!

Es ist eine gute Methode, einzelne Begriffe zu definieren, die Sie dann wiederholen sollten. Sie sind dann Leitmotive. Wiederholen Sie, wenn Sie sicher verstanden werden wollen.

8 Von komprimiert zu entzerrt

Sie sollen informieren, Sie sollen den gegenwärtigen Stand erklären, alles ganz klar, es muss nur gesagt werden, ein Sachverhalt, meistens viele, oft zu viele. Die Zeit ist ohnehin knapp. Was liegt da näher, als viel in kurzer Zeit sagen zu wollen. Sie handeln damit auf der linken Seite, dort, wo die Expertenwelt ist. Sie wollen viel Inhalt auf wenig Raum. Ein fataler Wettbewerb.

Wir sprachen schon über einen der häufigsten Sätze: »Das muss noch rein!« Die Komprimierungswut hinter solchen Sätzen betrifft Dramaturgien, Papiere, aber auch die Sprache selbst. Besonders in Chart-Überschriften wird komprimiert –

sie werden dann wie Aktenvermerke: »Programm erfolgreich umgesetzt«. Komprimiertes ist wie eingegossen. Es kann nicht raus.

Das tägliche Business besteht in beständigem Komprimieren. Kein Wunder, wenn Führungskommunikation oft schon deshalb misslingt. Sie misslingt, weil das Komprimieren allenfalls für Lesetexte und Excel-Tabellen, Charts und Handouts zu gebrauchen ist. Im Moment des Redens zu komprimieren muss scheitern, also dürfen es auch die Vorbereitungspapiere nicht. Und manchmal wird es auch gleich zu Anfang ganz offen gesagt: Hab zu viele Charts, der Vorgänger hat überzogen, in der kurzen Zeit gar nicht zu schaffen. Wir erinnern uns: »Alle Infos sind drin!«, heißt es. Aber kommen sie auch wieder raus?

In Unternehmen wird fleißig geliefert, was der Vorstand implizit bestellt hat: Je öfter er ruft: »muss noch rein«, desto voller wird das Chart. Am Ende wird noch dies und das hineingequetscht, und die Tafeln werden am Ende »selbsterklärend« – worauf die Lieferanten besonders stolz sind. Aber was soll einer schon erklären angesichts selbst(!)erklärender Tafeln? Aber jetzt kommt es: Wer fragt, warum das alles so voll geworden ist, hört manchmal Erstaunliches: »Damit er uns am Wochenende nicht noch anruft.« Selber schuld?

Wer Inhalte komprimiert, wird auch bald die Form komprimieren: Das bedeutet: Schnellsprechen wird gefördert. Viel in kurzer Zeit ist eine beliebte Sackgasse.

Um das zu ändern, muss man erst im Kopf auf der rechten Seite sein, mit der Einsicht, welches Phänomen das ist und warum es falsch ist. Danach üben wir es ohne Komprimierungen. Diese Regel heißt: Entzerrung. Wer dieses Gesetz versteht, kann einen der entscheidenden Schritte zum Executive gehen.

Entzerren statt komprimieren, das gilt zuerst für die Charts. Sieben Charts in zehn Minuten – oder war es umgekehrt? Es gibt da teils phantasievolle, teils haarsträubende und zumeist begründungslose Ratschläge. Sie unterstützen unsere kulturelle Neigung – Dreieinigkeit, sieben Sakramente, zehn Gebote. Magische Mystik soll die Komprimierung bändigen, stützt sie aber oft nur. Der Trendphilosoph Holm Friebe macht sich in seinem Buch zu Recht lustig über die Manie von Unternehmensberatern. Nicht mehr als sieben *bullet points* auf eine Folie: Der Psychologe George Miller hatte 1956 in einem berühmten Aufsatz nachweisen wollen, dass bei der Sieben die Aufnahme- und Merkfähigkeit rasant nachlässt. Das erinnert ebenso an die berühmten sieben Prozent, die der »Inhalt« in Äußerungen aus machen solle. Der Soziologe Albert Mehrabian, auf den sich alle berufen – er hatte 1967 zwei kleinere Studien durchgeführt –, rotiert im Grab.

Wird entzerrt, wird der Papierstapel größer. Wollten wir die Charts von Steve Jobs-Präsentationen einzeln ausdrucken, hätten wir einen großen Stapel Papier vor uns, aber darum geht es nicht. Für das pre-read, das Sie vorab an Senior Management und Vorstand senden, können Sie gern komprimieren, dann ist es ja Handout und keine Redeunterstützung.

Komprimierung gibt es auch in einer Serie von einzelnen Sätzen, die zu komprimiert sind, wenn mehr als ein Gedanke in einem Satz steckt, wie in manchen Hotlines: »Aus Sicherheitsgründen ist es auch für die Kundenzufriedenheit besser, dass einzelne Gespräch zu Trainingszwecken aufgezeichnet werden.« Wie löst man das auf? Indem man in viele kleine Sätze, teils Ellipsen, auflöst. Was in kurzen Schritten daherkommt, ist genießbar. Der Rat, nur noch in Hauptsätzen zu sprechen, ist übertrieben, aber wirksam.

Sprachliche Komprimierung geht nur schwer ins Gemüt, in den Kopf und ins Herz. Alle Studien sagen das. So sieht es aus, wenn in einzelne Sätze viel hineingesteckt wird. Eine »im vergangenen Bilanzjahr bereits begonnene und sicher in der Wertschöpfungskette Eingang gefundene Rationalisierungsproblematik« ist schlicht nicht verständlich, jedenfalls nicht mündlich. Sie sollten sagen: »Wir haben gespart, und wir werden es weiter tun müssen.« Hier ist die Komprimierung aufgelöst, mit zwei Entzerrungen:

- Verben statt Substantive.
- Mehrere Sätze statt eines Satzes.

Komprimierung macht bei einmaligem Hören das Präsentierte unverständlich. Es sollte deshalb nichts Komprimiertes für Sie vorbereitet werden. Darauf müssen Sie selbst achten. Assistenten, angestellte Mitarbeiter können das eher nicht für Sie tun, die werden ja täglich auf Vollständigkeit und Komprimierung getrimmt. Wenn Sie Kleinschrift in Charts oder Texten sehen, oder wenn jemand prahlt, alles passe auf nur drei Charts, schöpfen Sie Verdacht! Allein schon wegen des Verstehens: Was in kleinen Schritten daher kommt, wirkt stärker. Entzerren Sie in viele kleine Schritte, was Sie zeigen wollen – und was Sie sagen wollen! Beides habe auch ich gerade in zwei Teile entzerrt.

9 Von komplex zu einfach

Managen heißt mit Komplexität umgehen. Aber Führen heißt, sie im entscheidenden Moment auflösen zu können. Warum sollte jemand »Komplexität managen«? Wer braucht Komplexität? Jedenfalls nicht die, mit denen Sie reden.

Der Bestsellerautor Stephen King sagte einmal: »Ich bin die literarische Entsprechung zu einem Big Mac mit Pommes.« Er meinte: Ich bin einfach. Einfach, das hieß oft früher noch: »für Hausfrauen und Soldaten«. Eine Fehleinschätzung. Nicht nur Soldaten und Hausfrauen brauchen einfache Darstellung. Genau das die häufigste Frage, wenn ich das Thema mit Klienten diskutiere. Meine Antwort, sie ist durch Studien belegt, alle, zu denen Sie reden, brauchen Einfachheit.

Menschen überzeugen geschieht nicht in einem Schaltkreis, in dem alles mit allem verbunden ist. Überzeugende Rede ist immer linear, eins nach dem anderen, Schritt für Schritt. Eine Organisation kann wie eine Matrix sein. Was Sie sagen, nach innen und außen, darf das gerade nicht. Alles, was die Linearität durchbricht, macht es dem anderen schwer, jeder Rückbezug, jedes Detail. Das spricht nicht gegen Querbezüge und Details, aber seien Sie sparsam damit.

Komplexität entsteht auf der linken, der Expertenseite, aus einer zu großen Datenmenge. Der Nobelpreisträger Daniel Kahneman hat gezeigt, dass allein die schiere Menge von Informationen zu zwei Problemen führt: erstens Fehlurteile, zweitens Inkonsistenzen. Dieselben Experten geben verschiedene Urteile ab. Die Forscher Chip und Dan Heath sprechen von »the curse of knowledge«, vom Fluch des Wissens. Wer vor lauter Bäumen den Wald nicht sieht, kann schon gar nicht den Weg heraus zeigen. Deshalb gehört Vereinfachung zur Führungswirkung dazu. Was Sie vorbereiten oder vorbereiten lassen, muss die Fähigkeit unterstützen, ein paar einfache Worte an jemanden zu richten.

Einige Jahre habe ich mit Heinz Goldmann zusammengearbeitet; er hatte viele der früheren DAX-30-Vorstandsvorsitzenden geschult. Ich hatte mit »Medien-Statements« den letzten Tag solcher Executive-Briefings auszurichten. Einen Programmpunkt dieser Topmanagement-Seminare fand ich damals eigenartig. Warum übt man mit Spitzenmanagern ausgerechnet popelige Tischreden. Erst alle ansprechen, dann auf alle eingehen, auf das Wetter – dann Gemeinsamkeit herstellen, gute Stimmung, etwas Dank aussprechen, dann auf das gute Restaurant hinweisen. Alles so simpel, so schrecklich. Warum üben die so was? Heute weiß ich es: Weil es nötig ist. Hören Sie sich an, was deutschsprachig erzogene Menschen tun, wenn Sie ein paar einfache freundliche Worte sagen sollen. Eine Woche lang jeden Abend eine Tischrede, das schult; alle Toasts vermitteln diese Tugend Einfachheit.

Führungskommunikation heißt Komplexität reduzieren. Das fängt mit Rede und Antwort an. Es geht um die Abwesenheit jeder Komplexität. Und manchmal, auch die Abwesenheit von dem, was wir gemeinhin unter »Inhalt« verstehen! Auf der Karriereleiter verflüchtigt sich Content. Das ist ein Affront, ich weiß. Gerade deshalb, weil wir Deutschen das nicht gelernt haben. Die einfachsten Kurzreden sind Schritte auf dem Weg von links nach rechts, auf dem Weg vom Experten zum Executive. Wenn Sie diese kleinen Dinge nicht schaffen, werden Sie auch die vermeintlich großen nicht schaffen.

Jegliche Äußerung muss schon deshalb einfach sein, um Verstehen zu fördern, die Voraussetzung fürs Überzeugen. Das gilt auch für Schriftliches. Die ehemalige McKinsey-&-Company-Ausbildungsleiterin Barbara Minto hat deshalb zwei Forderungen: dass ein gutes Dokument einen Dialog von Fragen und Antworten widerspiegeln muss, dass die Fragen des Lesers beantwortet werden sollten, ohne zu viele neue Fragen aufzubringen, bevor diese wiederum beantwortet werden können. Solche Maximen verhindern Komplexität.

SCHREIBEN SIE ES EIN ZWEITES MAL AUF

Ich sehe noch das Gesicht des Angestellten im Zürich Hilton, als ich mit dem Vorstandsvorsitzenden einer Bank ein komplettes Redemanuskript verloren hatte, alle Daten verschwunden. Wir hatten, als ein Notebook kaputt ging, kurzerhand auf dem PC des Business Centers geschrieben. Es war kurz vor elf abends, eine Rede an etwa 250 Führungskräfte und fünf bis sechs Argumente auf Fragen, existenzielle Sätze, richtig viele. »Haben Sie nicht gesichert?«, fragte der Hotelangestellte wieder und wieder, ich sehe sein entsetztes Gesicht noch vor mir. Automatische Löschung durch das Hotel. So etwas wünscht man niemandem.

Oder doch? Seit diesem furchtbaren Abend weiß ich: Beim zweiten Mal wird es kürzer. Und das ging so. Mein Klient hatte schon anderes erlebt – und er hatte bessere Nerven als ich. Er sagte: Wir entwickeln das einfach noch einmal. Wir schrieben weniger Stichwörter, wir schmeckten sie schneller ab, in kürzeren Abständen. Alles wurde klarer, und der Auftritt wurde das, was man so gern »knackig« nennt.

Was immer Sie tun, proben Sie es mehrfach, und schreiben Sie es ein zweites Mal auf. Es wird besser, mit ein wenig Glück großartig. Insgeheim wünsche ich, dass dieser Abend in diesem Züricher Hotel mit dem gelöschten Redemanuskript alle paar Tage vorkommt. Manchmal, wenn jemand sagt: »Das ist ein guter Auftritt«, denke ich: Das muss so gewesen sein wie an jenem Abend mit der gelöschten Rede.

Vieles Einfache, aber nicht alles Einfache wird auch kürzer. Aber was einfach ist, scheint oft kürzer. Weitere Gründe für Einfachheit: Einfachheit gibt Orientierung, und oft eine flexible Basis. Einfachheit ermöglicht bessere Entscheidungen, bessere Abstimmung und bessere Kooperation, nicht selten weniger Missverständnisse. Schließlich ist Einfacheres leichter erinnerbar. Ich entwickele mit Klienten oft schon deshalb einfache Stichworte, und manchmal regelrecht Bastelarbeiten, damit diese das Vorbereitete einfach repetieren können, oft sogar unter Stress.

Zu diesem Punkt entstand inzwischen ein ganzes Buch, das ihn vertieft, mit 72 Grafiken und unzähligen Beispielen: *Das Zielsatz Prinzip*/engl. Ausgabe *Reversed Pyramid* – und einen TED Talk: »Disrupting Conventional Speech« – alles drei aus 2021. Wir gehen von uns aus, wir wollen etwas sagen, es brennt uns unter den Nägeln. Wir fallen mit der Tür ins Haus. Wir informieren, wir kommen mit Thesen. Wir stellen den »Inhalt« voran. Spitzenmanager sind besonders stark darin, mit der These zu beginnen. Sie kommen aus akademischen Ausbildungen und oft aus Beratungsgesellschaften, die diesen Aufbau zum Prinzip machen: die News, das Wichtigste zuerst, danach die Details. Auch alle ehemaligen Journalisten kennen diese Aufbauform als Pyramide: Es ist das Modell des Informierens, Erläuterns und Rapportierens.

Aber gehen wir einen weiteren Schritt zurück: Vor der Pyramide haben wir eine andere Bauform erlernt. Wir sind in Kästen erzogen worden.

Strategieberater schlugen vor, Inhalte spitz anzuordnen, in einer Pyramide. Sie professionalisierten die eingangs geschilderte Tür-ins-Haus-Methode. Die ehemalige Ausbildungschefin von McKinsey & Company hat mit der Etablierung des Pyramidenprinzips Geschichte geschrieben. Die Pyramide war unmittelbar einleuchtend und hat sich raketenartig in den Business-Alltag hineinentwickelt. Die Pyramide ist ideal für Rapporte und Briefe, Darstellungen aller Sachverhalte dieser Welt – und aller Berater-Proposals, für Handouts ebenso. Das Prinzip des von der Spitze Beginnens heißt deshalb auch *top-down*, vom Kopf zu den Details.

Dies ist übrigens das Prinzip jedes Elevator Speeches. Die Fahrstuhlrede: Der Chef kommt hinein und fragt nach dem Stand des Projektes. Eine zentrale Botschaft muss dann zu Anfang gesagt werden, sodann Einzelaspekte, die im Verlauf an Relevanz verlieren. Der Fahrstuhl kann sich jeden Moment schließen. Informierend: ja; überzeugend: nein. Der Aufbau passt zur Rolle. Der im Executive Modus ist der Fragende, nicht der Antwortende. Dieselben Strategieberater, die den Klienten die Pyramide einschärften, differenzieren inzwischen längst: Die Top-down-Pyramide ist für die Projektleiter die richtige Bauform, und nicht mehr alleinige Methode für die Partner. Wir könnten sagen: Nicht für die, die Führungswirkung brauchen.

Kasten und Pyramide, beide beginnen gleichermaßen stumpf! Der Kasten hat weder oben noch unten einen Punkt, auf den man kommen könnte, und die Pyramide beginnt mit dem Kern der Sache, geht immer weiter ins Detail. Sie kommt nicht »auf den Punkt« – weil sie mit ihm beginnt.

Kästen und Pyramiden halten Sie auf der linken Seite fest. Diese Aufbauformen sind für Experten gemacht. Vor allem hinter der Pyramide, diesem Modell des Nicht-Zugangs und der Information vom ersten Satz her, steht der Modus, mit dem wir erzogen worden sind: Jemand sagt es, wie es ist, gleich im ersten Satz. Die Pyramide unterstützt den Verkündigungsmodus. Studien, Magisterarbeiten, Sachverhalte jeder Art, und eben auch Fahrstuhlreden. Expertenrhetorik, die sagt, was ist, ohne sich um das Gegenüber zu kümmern.

Unsere tägliche Meeting-Erfahrung ist nur der Anfang. Wirklich gefährlich wird die Pyramide – die eigene Wahrheit zuerst, ohne jeden Zugang – auf größeren Veranstaltungen, wenn Menschen auf einer Bühne stehen, soeben vielleicht etwas präsentiert haben und etwas gefragt werden. Ich bereite Pressekonferenzen vor. Wie oft kommt es vor, dass in einer kritischen Antwort schon der erste Satz zurückweist: »Ich weiß nicht, woher Sie das haben.« »Ich möchte das gleich richtigstellen.« »Lassen Sie mich kurz sagen, wie es wirklich ist.« Wir gehen von uns aus, wir wollen etwas sagen. Wir sagen zu Anfang, was wir sagen wollen. Aber das ist oft wirkungslos: Wir legen sofort mit Thesen los, die wir erst danach begründen können. So machen es alle, die den »Inhalt« vor die Beziehungsarbeit stellen.

Executive Modus heißt dagegen: zu Anfang Beziehung machen. Und dieser Zugang, die Wirkungstaktik Nr. 2, fehlt vollständig. Ich schlage daher seit langem vor, die Pyramide konsequent herumzudrehen und praktiziere seither mit Erfolg mit allen Klienten. Das Bild dafür sollte herumgedreht werden, zum Trichter

1. Oben offen mit einem breiten Satz. Der einführende Satz ermöglicht zwei Dinge:
2. Zugang und Flughöhe.
3. Hauptteil, vielleicht 1., 2., 3.
4. Dort wird mit einem Zielsatz zugespitzt. Das Prinzip heißt: Pointierung am Ende.

Die meisten Journalisten lieben Pyramiden, aber nicht alle: Das »Morning Briefing« beispielsweise ist gegenteilig aufgebaut – oben mit Zugang oder Dach-Sätzen, danach originell hingetupfte Fakten. Und eine Spitze, die das Vorherige schärft. Manchmal ist der Beginn spitz, das Ende auch: »Die 30 DAX-Konzerne schütten zusammen die märchenhafte Summe von 26,9 Milliarden Euro aus. Natürlich ist es teuer, Aktien zu besitzen. Aber die aktuellen Dividendenzahlungen belegen: Noch teurer ist es, keine zu besitzen.« Oder: »China meldet jetzt erstmals mehr Patente an als Deutschland. Die rote Wirtschaftsmacht schafft es damit auf Platz drei der innovativsten Länder – hinter den USA und Japan. Vielleicht sollten wir jetzt damit beginnen, China zu kopieren.«

Führungskommunikation braucht alle drei Formen. Aber wirksam werden Sie erst, wenn Sie fragen. Wie hole ich zu Anfang Menschen hinein, und wie hebe ich sie und die Inhalte auf eine Flughöhe? Und wie pointiert bekomme ich es zu Ende? Wenn Sie Wirkung erzielen wollen, dann sprechen oder schreiben Sie auf einen Punkt hin – den Sie vorher kennen müssen! Das schafft nur der Aufbau als Trichter. Das ist das »Zielsatz Prinzip«.

11 Von herkömmlich zu attraktiv

Wie viele Vorträge oder Podien haben Sie verfolgt? Wie vieles davon haben Sie sich gemerkt? Was waren die Thesen? Natürlich, Sie erinnern sich, aber am besten an Inszenierungen! Ein Mann hält zu Anfang etwas hoch, eine Frau stellt zu Anfang eine provokante Frage, jemand provoziert mit einem Spruch. Was haben solche Inszenierungen gemein: Sie sind attraktiv, anziehend.

Attraktivität zu erzeugen ist schwer im Führungsalltag. Wenn wir etwas vorbereiten, was gesagt werden soll, das heißt zumeist: Wir machen es so, wie es alle machen. Was wir jeden Tag lesen und einsaugen, spucken wir wieder aus. Das Herkömmliche ist programmiert. Wenn ich auffordere, einen Plan zu machen für etwas, das wir gleich danach probieren, entsteht vielfach schriftlich Korrektes – und im ersten Anlauf kaum Attraktives: »Sehr geehrte Damen und Herren, ich möchte zunächst zu dem Thema sprechen.«

Sie kennen den Anblick von Menschen, die an einem Samstagabend zu einer Veranstaltung eilen? Sie selbst fahren vielleicht im Auto daneben, Sie sind ein paar Meter entfernt, aber Sie sehen hin. Es sind ganz normale Leute, die sich attraktiv gemacht haben, für einen Abend »etwas aus sich gemacht« haben, wie man so sagt. Wir alle wollen ja gerade den schönen Schein. Guter Duft, künstlich erzeugt, Menschen, die schön angezogen sind, gut aufgemachtes Haar, gepflegte Kleidung, teurer Schmuck, Lippenstift. Es geht darum, aus dem Herkömmlichen herauszuragen.

Hinter die Bühne schauen müssen wir nicht. Und selbst wenn wir es täten, fänden wir auch dort Attraktives. Sie wissen, wie es wirkt, wenn eine Frau sich vor einem Spiegel für den Abend schminkt? Es kann einen in seinen Bann ziehen. Wir kommen in diesem Moment nicht unbedingt auf die Idee, zu sagen: Sei lieber wie alle, sei graumäusig, sei herkömmlich.

Ein etwas zu farbiges Beispiel? Vielleicht. Aber warum soll es mit Ihrem Auftritt anders sein? Attraktivität scheint eine Voraussetzung für Wirkung zu sein. Attraktivität und Originalität des Auftritts gehören aber auch zu Executive-Wirkung.

Wenn ich Sie fragen würde, wollen Sie es so machen wie alle – oder wollen Sie es anders machen, was würden Sie antworten? Das Erwartete ist langweilig, das Unerwartete schafft Aufmerksamkeit. Das Herkömmliche ist der Sargnagel jedes Erfolges. Aber das Ungewöhnliche, nicht Alltägliche, ist das Tor zur Wirkung. Nutzen Sie das! Sie sollten nach dem Besonderen streben. Noch mal ein Zitat von Aristoteles: »Denn dadurch, dass sie anders werden als das Bezeichnete und vom Üblichen abweichen, wird das Ungewöhnliche erzeugt.« In Maßen.

ERLEBTE ZEIT UND ECHTZEIT

Neujahrsreden von Kanzlerinnen und Bundespräsidenten kann man eigentlich gar nicht anschauen, ungenießbar, und viel zu lang. Das stimmt aber nicht, diese Reden scheinen nur lang, in Wahrheit sind sie acht Minuten lang. Aber manche sind todlangweilig, daher kommen sie uns länger vor und Attraktives scheint kurzweiliger.

Mit einem Spitzenpolitiker habe ich eine seiner Bundestagsreden analysiert. Nebenbei sprachen wir über die Länge, 17 Minuten. Das ist nicht lang. Das Frappierende ist, und darauf kamen wir erst mit Verzögerung, 17 Minuten ist exakt der Zeitrahmen für den TED Talk, der Gipfel globaler Gebrauchsrhetorik (siehe Taktik Nr. 4). Langweilige Reden gibt es dort nicht.

Erlebte Zeit und Echtzeit gehen oft auseinander. Gar nicht so Langes wirkt oft zu lang. Umgekehrt wirken objektiv lange Äußerungen ziemlich kurz, weil sie kurzweilig sind. Wenn Rede oder Antwort länger scheinen, als sie sind, dann war es langweilig. Deshalb ist es auch – von Livesendungen und strengen Programmen abgesehen – ein nachgeordnetes Problem, wie lang Rede und Antwort auf dem Papier oder in Wirklichkeit sind. Sie dürfen nur nicht langweilig wirken.

Auch an einzelnen Antworten können wir das Problem der Länge erkennen. Eine Antwort sollte kaum länger sein als eine halbe Minute. Folgenreicher als die eigentliche Länge ist, dass diese Antworten unsortiert klingen – oder oft auch sind. Manche schlechte Antwort ist kaum 20 bis 30 Sekunden lang – die Antwort wirkt aber wie eine Minute. Was lässt Rede oder Antwort kürzer erscheinen? Originelles und Attraktives verkürzt die erlebte Zeit!

VISUALISIERUNG

Das Attraktive macht Sie und Ihre Botschaft leichter unterscheidbar. Deshalb sollten Sie aus der Uniformität ausbrechen. Ein Beispiel: Alles eher Amateurhafte wirkt anziehend, deshalb werden Bilder verwackelt, wird Kleidung zerrissen und werden hochwertige Gegenstände ramponiert. Beispiel Schrift. Wir schreiben fast ausschließlich auf Tastaturen, weit mehr als handschriftlich. Das Ergebnis lässt sich nur mit Mühe von anderen unterscheiden. Wir lernen die Handschrift zu schätzen. Das Handschriftliche ist oft attraktiver als Druck-Text. Dahingekritzelte Sätze sind Stilmittel des Originellen. Original – aus sich selbst, nicht Nachgemachtes ist selbst dann attraktiver, wenn es kaum lesbar ist. Nutzen Sie auch diese Wirkung: Schreiben Sie daher im Zweifel eher selbst etwas an eine Wand, als dass Sie Sätze aus Präsentationsprogrammen zeigen.

Attraktivität gewinnt Ihre Botschaft etwa dadurch, dass Sie nicht die Grafiken aus einem PowerPoint-Programm zeigen, sondern selbst zeichnen, etwa auf einem digitalen Whiteboard in Zoom oder Teams. Aber selbst Chart-Folgen lassen sich attraktiv machen. Durch originelle Charts können Sie »Gesicht« bekommen. Das beginnt oft schon mit Überschriften von Charts. Manchmal sind sie *action titles*, sie sagen den Kern zuerst, pyramidal, siehe Taktik Nummer 10. Gestrickt nach Kasten und Pyramide, Aufbauformen, die nicht in den Executive Modus gehören. Herkömmliche Überschriften sind oft schon der Beginn des Problems, weil sie langsätzig den Kern erklären. Aber braucht es überhaupt Überschriften? Das Handout braucht *action titles*, die Rede nicht. Welche Überschriften hatten die Tafeln von Steve Jobs? Schauen Sie sich Videos an: gar keine, fast nie.

Das Mittel der Visualisierung ist uralt. In der Antike wurde wahrscheinlich ein Dolch vorgezeigt, als jemand vor Gericht Details zu einem Mord demonstrieren wollte – oder es wurde eine vereinfachte Grafik des Geschehens in den Sand gemalt. Das Gericht ist überhaupt ein gutes Beispiel: Das forensische Paradigma, die Rhetorik vor einem Richter, ist sehr geeignet, um das Phänomen Rhetorik zu erklären. Die überzeugendere Partei gewinnt. Wir können uns fragen: Warum ist das alles verloren gegangen? Warum sollten Sie alles in PowerPoint zeigen? Zeichnen Sie auf ein Flipchart, zünden Sie eine Kerze an, steigen Sie auf einen Stuhl etc., zeigen Sie etwas hoch.

INSZENIERUNG

Keine Coronazeit kann daran etwas ändern: Wirkung im Executive Modus entsteht aus Aktionen oder Events. Events erfüllen erstens die Funktion, überhaupt zusammen zu sein, und zweitens in irgendeiner gehobenen Art zusammen zu sein, unter etwas, unter einem Motto, unter einer Idee. Wirkungsvoll zusammen sein heißt fast immer: inszeniert zusammen sein. Wie ist Distanz gewählt, wie wird eine Überhöhung erreicht? Wie kann man Ehrfurcht hervorrufen? Zum Beispiel, indem man Zugang beschränkt. Der Zerberus, der Höllenhund der griechischen Mythologie, das Vorstandssekretariat, das man überwinden muss, um vorgelassen zu werden. Man kann in Events Quasireliquien austeilen, man kann auf Beteiligte zugehen, auf sie zeigen. Auch der Raum selbst kann inszeniert sein. Regisseure wissen: Je tiefer die Bühne, je kantiger das Licht, je artifizieller die Kleidung, desto attraktiver wird die Botschaft. Dass hier das rechte Maß wichtig ist, muss ich nicht sagen. Ich kann hier nur Anregungen liefern, weiter zu denken, aus dem deutschen Graumäusigen heraus.

GESCHICHTEN

Um etwas attraktiv zu machen, gab es immer schon die *narrationes*, Erzählungen, die anschaulich machen, was sonst nur technisch-sachlich erklärt würde. Sie muss an Erwartungen anknüpfen können. Nehmen wir als extremes Beispiel den Kapitalmarkt. Das scheinbar unpersönlichste Feld mit den unattraktivsten Faktensystemen braucht Erzählungen, sicher am dringendsten. Hier wird unentwegt an der *equity story* gearbeitet: Was wird aus meinem Geld? Vermehrt es sich wirklich? Alle Erzählungen des Finanzmarktes haben einen entscheidenden Punkt gemeinsam: Die Erzähler erzählen ihre Geschichten, ohne ihr Ende zu kennen.

ÜBERTREIBUNG

Attraktiv sind manchmal, Sie lesen richtig, Übertreibungen – wenn sie als solche erkannt werden. Übertreibung kann durch fast alles erreicht werden: Körperbewegungen, Argumente, sprachliche Kraft. Manchmal sind sie ein ästhetischer Genuss.

INITIALS

Attraktiv oder nicht, das entscheiden wir immer am Anfang. Zu Anfang wird entschieden, ob die Rede Zugang findet und Flughöhe erreichen kann. Beginnen Sie deshalb einen Auftritt nie so, wie alle beginnen. Das Gegenteil des Herkömmlichen ist wirkungsvoll: Gute Redeanfänge sind wie Gedichte. Eine Produktpräsentation von Steve Jobs:

»There is something in the air.
Well, what is it?
As you know: Apple makes the best notebooks on the planet,
the MacBook, and the MacBook Pro.
These are the standards in the industry,
by which competitive products are judged.
Well, today we're introducing a third kind of notebook.
Its called ›The MacBook Air‹.
Now, what is the MacBook Air?
In a sentence:
It's ›the worlds thinnest notebook‹!
Okay?«

Kurzsätzig und kantig wie ein Brecht-Gedicht. Allein dieser transkribierte Text erfüllt fast alle Kriterien, vor allem Flughöhe, persönlichen Zugang, Einfachheit, Attraktivität und konsequente Entzerrung. Und schließlich scheint etwa diese Präsentation authentisch, aber sie ist zugleich nicht authentisch, inszeniert – eine Voraussetzung von Professionalität. Damit sind wir beim letzten Punkt, wir sind bei einem Glaubenskrieg dazu.

12 Von nur-authentisch zu Rollenbalance

NICHT IMMER AUTHENTISCH SEIN

Zu diesem Punkt habe ich mein Authentisch-Buch 2018 überarbeitet: »Die Kunst des Authentischen«.
Über nichts wird so viel gesprochen wie über Abwesende. Wir beschwören besonders gern, was nicht da ist. In dem Maße, wie das Echte seltener wird, wird es zum Idol. Wer »Authentizität« vor ein paar Jahren in eine Suchmaschine eingab, fand etwa eine Million Einträge. Wenn dieses Buch erscheint, werden es bald drei Millionen sein. Das kann daran liegen, dass Suchmaschinen immer mehr Begriffe erfassen. Es kann aber auch daran liegen, dass derzeit viele Menschen danach suchen. Genau das sollten wir annehmen. Authentisch – nicht authentisch wird derzeit zu einem der ganz großen Themen. Der Lernpsychologe Adam Grant schreibt im April 2017 in der New York Times: »Wir leben in einem Zeitalter der Authentizität, wo ›Sei Du selbst‹ DER Rat ist in Leben, Liebe und Karriere«.

Sie kennen diese Momente, in denen Sie ganz Sie selbst sind, keine Fesseln angelegt sind, Sie eins mit sich selbst sind. Oft wird kurz darauf klar, dass Sie zum Beispiel merkwürdig wortreich werden, mehr reden, als dem Arbeitgeber lieb sein kann. Sie fühlten uns eins mit sich selbst, und dann sehen Sie, dass Sie sich eins hätten fühlen müssen mit etwas anderem. Sie sind in der Enge, oft in der Rechtfertigung, manchmal in höchster Not. Man sieht es Ihnen an. Sie sind authentisch.

Wir alle verspüren eine grundsätzliche Neigung, authentisch zu sein. Aber das Authentische macht uns Probleme. Es reitet uns tiefer hinein, es ist gefährlich. Ganz und nur authentisch sein zu wollen, könnte – sofern Sie im Executive Modus arbeiten wollen – ein Irrtum sein, ein *Bias*.

Erstens: Aus proklamierter Authentizität wird ein Argument gegen Veränderung. Das Etikett »authentisch« ist im Bunde mit der Weigerung, an sich zu arbeiten. Heften Sie es einem Menschen an, und augenblicklich schwindet die Chance auf Lernen.

Zweitens: Aus angeblicher Authentizität wird leicht eine Flucht aus der Führungsaufgabe, die heißt Wirkung. Das Innerliche wird ausgespielt gegen sein Pendant, gegen das Äußerliche, das wir nicht sind, das von uns verlangt wird, das Aufgedrängte, das uns angeblich verbiegt. Viel lieber ziehen wir uns zurück: Wir bleiben, wie wir sind. Nicht gut, aber wenigstens sind wir dann authentisch! Sollen die sehen, wie die mit uns zurechtkommen. Aber genau das müssen Arbeitgeber nicht.

Sie sind im Führungsalltag – wenn Sie wie die meisten Manager sind, oft zu wenig »bei den Menschen«, bei den Mitarbeitern. Und noch weniger sind Sie bei anderen Stakeholders. Sie sind nicht bei denen, die Sie überzeugen wollen. Aber Sie sind bei sich – wenn Sie Glück haben. Da stehen Sie nicht allein. Viele Manager haben kein Problem mit dem Kern, keinen Mangel an Echtheit. Sie haben kein Authentizitätsproblem, sondern ein Wirkungsproblem. Sie können sich nicht verständigen und oft nicht ausreichend überzeugen. Sie wirken zu wenig. Und oft gerade, weil sie so sehr bei sich sind. Anders gesagt, sie sind allzu authentisch.

Drittens: Vorgebliche Authentizität verschafft Legitimation. Weil authentisches Verhalten angeblich direkt aus uns herauskommt, wird es als unabänderlich, natürlich oder echt angesehen. Mit ausreichend viel Gesinnungsschmus im Kopf lässt sich Authentizität als ethische Keule inszenieren. Authentisch ist ehrlich, nicht authentisch ist nicht ehrlich. Authentisch sein wird verwechselt mit einer ähnlichen gern behaupteten Eigenschaft: Ehrlich zu sein zu sich selbst. »Ich lasse mich doch nicht verbiegen.« Wir sollten ethisch handeln. Aber das tun wir nicht dadurch, dass wir authentisch nur wir selbst sind – oft dann gerade nicht.

Authentizität ist in naivem Denken mit Glaubwürdigkeit im Bunde. Wir streben alle nach Glaubwürdigkeit – oder oft nur danach, dass sie uns attestiert wird. Unglaubwürdig sein, das ist das Letzte. Aber wer will das sagen, was ist das überhaupt? Bitte nicht erschrecken: Donald Trump vielleicht? Das Schlimmste ist: Wort und Tat fallen bei ihm zusammen. Insofern ist er der »Glaubwürdigste« weit und breit. Der sagt es nicht nur, der macht das auch! Also, das kann es auch nicht sein. Zusammengehen von reden und handeln, das können wir seit Trump nicht mehr so naiv als Ausweis guter Rede anführen.

Es ist meines Wissens noch nicht gelungen, Unglaubwürdiges sicher zu entlarven, keine Kopfbewegung, kein Zögern, kein Erröten, kein Gesichtsausdruck, keine Handhaltung oder Fußstellung gibt sicher Auskunft. Schon eher ist es die Stimme, die etwas verraten könnte. Auch ein gestörter Sprechablauf kann Indizien liefern, wie Stottern, Räuspern, höheres Tempo. Paul Ekmans Studien kamen zu dem Ergebnis, dass etwa Kratzen an Armen und Kopf, Kleidung zurechtzupfen und Haare zurückstreichen mit der höchsten Wahrscheinlichkeit auf etwas hindeuten. Aber auf was? Es gibt keine eindeutige Beziehung zwischen Verhalten und Aufrichtigkeit. Wir können nicht eindeutig schließen, was genau falsch läuft. Situationen, in denen das egal ist und in denen einfach nur Verdächtiges bemerkt werden soll, sind solche an Grenzkontrollen und auf Flughäfen. Nur genau dafür entwickelten Ekman und sein Team die Methode »SPOT« *(Screening Passengers by Observational Technique)*. Sie kann »Löcher« in einem aufgesetzten Gesichtsausdruck finden. Mehr nicht. Und ob die Personen unethisch handeln oder eben auch nicht, ist nicht wissenschaftlich zu begründen. Es wäre fast leichter, nachzuweisen, dass amerikanische Grenzkontrollen unethisch sind.

Wer näher herangeht, sieht zwei Arten von Authentizität – habituelle Authentizität: So ist er eben. Und situative Authentizität: Hat keinen guten Tag gehabt. Beides kommt in Ihrem Vertrag nicht vor und gehört nicht in den Executive Modus.

Wenn das erkannt ist, warum wird immer wieder »authentische Führung« reklamiert? Dahinter steht eine Verwechslung von authentisch sein und authentisch scheinen. Ihre Mitarbeiter zum Beispiel sagen, was ihnen authentisch vorkommt. Wer immer Ihnen Feedback gibt, sie oder er hat nur den Eindruck.

Wenn jemand fragt: »War ich authentisch?«, dann geht es oft sofort, oft schon im selben Satz, um das genaue Gegenteil. Wie kam ich herein? Wie war der Einstieg, hatte ich das Richtige an? Hatten wir die richtigen Charts ausgewählt, war das Licht nicht viel zu hell? War es richtig, dass sie zuerst redete und dann ich? Es scheint eine professionelle Authentizität zu geben, die sich vom Nur-Authentischen gewaltig unterscheidet. Die sollten Sie anstreben, weil sie Wirkung unterstützt.

Hohe Führungswirkung besteht offenbar aus einem Ensemble: einerseits authentisch, und andererseits in Szene gesetzt. Zwei entgegengesetzte Dinge, und Sie sollen beides tun, in ein und derselben Performance? Genau das sollen Sie. Eben nicht nur das eine.

Die *Harvard Business Review* überschrieb einen ihrer *cover title* mit »The Authenticity Paradox«. Dahinter steht das Buch von Herminia Ibarra. Sie fand eine Marktlücke in den Führungstheorien: Authentizität, und ihr Buch handelt vom erfolgreichen Spielen mit dem Authentischen. Ihre Vorträge sind legendär. Sie läuft herum, sie setzt sich in den Zuhörerraum, sie bearbeitet die Bühne und sie zeigt *action*. Sie demonstriert, wie es ist, wenn man mehr aus seinen Inhalten macht – und mehr aus sich selbst. Ihre Botschaft: Seien Sie gern Sie selbst, aber machen Sie etwas daraus! Eigentlich spricht die INSEAD-Professorin vom Gegenteil. Mit dem Titel ihres Vortrages meint sie: »Sei nicht authentisch!«

So auch in meinem Authentisch-Buch, das ein Jahr vor *Harvard*-Artikel, Buch und Vortrag erschien. Darin habe ich darauf hingewiesen, dass wir nicht weiterkommen, wenn wir uns nur auf unseren inneren Kern berufen. Einen Shitstorm in der *ZEIT* etwa gab es, obwohl ich nur allgemein Bekanntes gesagt hatte; selbst im Business war das ein alter Hut. Kaum mehr als ein Jahr später erschien Reinhard Sprengers Buch *Das anständige Unternehmen*, mit weiteren Argumenten und Beispielen gegen das Klischee des Authentischen. Und viel früher schon hatte Rainer Niermeyer Authentizität als Mythos entlarvt. Richtig gehört wurde das alles offenbar nicht.

Authentisch sein, wir sollten fragen, was das praktisch heißt. Soll man sagen, dass man sich weit weg wünscht, dass man eigentlich die Strategie noch einmal hätte durchdenken sollen? Dass man eigentlich keine Lust hat, zum hundertsten Mal zu mehr Innovation, Teamgeist und weiß Gott was noch von all dem Zeug aufzurufen? Man redet ja gegen eine Wand. Das wäre authentisch. Weitere Beispiele:

- Der *utterance bias:* Jeder sagt: Wenn du mit Journalisten sprichst, sag nichts, oder wenigstens ganz wenig, halt einfach den Mund. Aber sobald ein Journalist einem gegenübersitzt, schwätzt man, was das Zeug hält. Dieses Quer-zur-Rolle-Handeln ist die Ursache für Wertvernichtung. Der Utterance Bias: Man gibt eine Äußerung ab, und sollte es besser nicht. Manchmal attackiert man Medien an sich. Vor allem tut man das, wenn es allzu persönlich wird, wenn die großen Fragen erörtert werden, von Verantwortung und Schuld.
- Ein Vorstandsvorsitzender eines Autokonzerns mit einem Riesenschlamassel am Bein zeigt, dass er seine Produkte mehr liebt als kritische Fragen. *Handelsblatt:* In Francis Ford Coppolas Film »Godfather« heißt es: »It's nothing personal, it's just business!« Hinter allzu authentischen Äußerungen steht ein Missverständnis. Wir nehmen etwas persönlich, das es von seinem Kern her nicht ist.
- Oft sehen wir auch zu viel Lust auf *Gefühl:* Sie kennen den Satz »Ich habe Gefühle, kann sie aber nicht zeigen«. Wie um das zu beweisen, wird nach Möglichkeiten gesucht, Gefühle rauszulassen. Psychologisch erklärbar, professionell aber fatal: Man hat uns in eine Art Kasten gesteckt: Wer jahrelang Sachverhalte aufzeigen soll, informieren und erläutern, der hat es schwer, plötzlich Menschen mitzureißen. Aber es gibt den Moment, in dem es herausbricht aus dem Kasten. Ich erlebe das manchmal mit Klienten, wenn wir eine andere Art des Ausdrucks probieren, dann sprudelt es. Sobald sich ein Loch auftut, öffnet sich eine Welt. Aber zahlt das auf Führungswirkung ein?

  Aber es wäre ebenso fatal, jemandem zu sagen, er solle auf einer Bühne, in einem Town Hall, in einem wichtigen Gespräch, authentische Gefühle zeigen. Wir haben es eben mehrheitlich gar nicht gelernt, Gefühle zu äußern, schon gar nicht professionell so aufbereitet, dass sie genießbar sind.

Wenn sie auskommen, sind sie authentisch, manchmal zu sehr. Aber sie sollten aufbereitet werden. Und, nicht erschrecken, manchmal auch geprobt werden. Es ist das Gegenteil purer Authentizität; es ist Professionalität.

ROLLEN IN BALANCE HALTEN

Der Anstellungsvertrag schreibt Rollen vor, und Führungswirkung entsteht durch Rollenbalance. Wir sehen das daran, was passiert, wenn sie fehlt. Ungenügende schiefe Balance kann isolieren, und das ist inakzeptabel für jeden, der in einer Organisation etwas erreichen will. Rollenbalance schließt Authentizität nicht aus, aber das Nur-Authentische stört sie. Rob Goffee und Gareth Jones, Experten für Organisation an der London Business School, schreiben in der *Harvard Business Review*, Manager müssen »ihre Authentizität sorgsam aufbauen und vorsichtig damit umgehen« und: »Gute Manager müssen ihre Authentizität unter Kontrolle bringen.«

Auf der rechten Seite der Führungswirkung geht es also nicht nur authentisch zu, sondern zugleich auch professionell, was nicht immer dasselbe ist. Authentizität und Rolle müssen übereinkommen. Also seien Sie nicht nur authentisch.

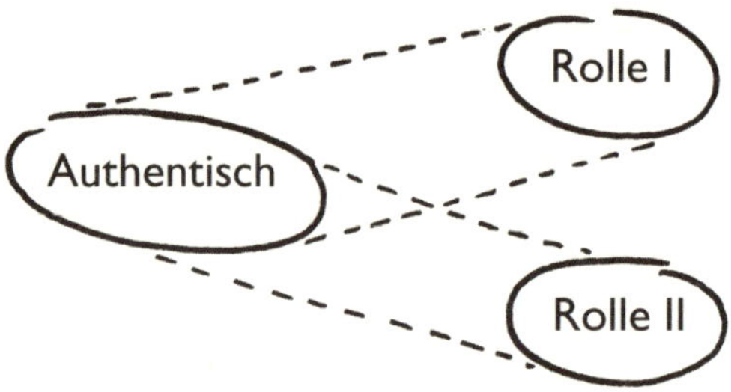

Bild 5.1 Authentisch plus Rolle gleich Professionalität

Was für Ihre moderne Führungskommunikation existenziell ist, ist keineswegs von der modernen Führungskommunikation erfunden. Die antike Rhetorik kannte das Problem des Nicht-nur-Authentischen als Erfolgsmethode. Ein Redner wollte gar nicht authentisch im modernen Sinne wirken – außer bei Platon allenfalls. Eine Forderung, ein Redner solle möglichst authentisch sprechen, wäre undenkbar gewesen. Im Gegenteil, dass Überzeugen und Führen Künste sind, war Gemeinwissen. Gerade eine professionelle Nicht-Authentizität galt schon damals als Gütezeichen.

DIE »TRUE-TO-SELFER« VERLIEREN

Authentisch sein wird verwechselt mit einer gern behaupteten Eigenschaft – ehrlich zu sein zu sich selbst, gerade so, als stünde beides in einem Zusammenhang. »Sei ehrlich zu Dir selbst« kommt in US-amerikanischen Universitätsvorträgen an dritter Stelle, nach: »Expand your horizons!« und noch vor dem beliebten Rat: »Never give up!«.

In einer Untersuchung beobachtete Herminia Ibarra, wie sich junge akademische Berufsanfänger in ihren Leadership-Kursen an der INSEAD verhalten: Sie erkannte zwei Typen. Der eine Typ passt sich der Außenwelt an. Es ist das Chamäleon. Die Studenten aus dieser ersten Klasse hatten sich vieles von den Vorbildern abgeschaut. Sie gestalteten mit der Umgebung zusammen. Der andere Typ dagegen wollte »sich selbst treu bleiben«, die True-to-Selfers.

Das Ergebnis war: Die Lernkurve derer, die »sich selbst treu« sein wollen, sich »nicht verbiegen wollen«, ist deutlich flacher: »The chameleons who failed it until they become it arrived much more quickly at a true but different, more skillful self: The acted their way into a new but authentic identity«. Die Anpassung des Chamäleons ist Indiz und Symptom für Lernen, und für Erfolg. Die Authentischen verlieren, das sagt sie unausgesprochen. Sie pfeift auf den Titel ihres Vortrages, der ja eigentlich hieß: »Sei authentisch!« Stattdessen sagt sie das Gegenteil: »Be a chameleon«.

SEI EIN CHAMÄLEON

Um als authentisch wahrgenommen zu werden (sic!), ist es notwendig, dem jeweiligen kulturellen und gesellschaftlichen Kontext zu entsprechen. Die Erwartungen an eine Führungskraft sind in Japan etwa ganz andere als in Mitteleuropa. Es geht um Eindruck und nicht um authentisch scheinenden Ausdruck. Passen Sie sich der Kultur um Sie herum an: In welchem Land arbeiten Sie gerade? Sprechen Sie zu jungen oder älteren Mitarbeitern, mehrheitlich zu Männern oder Frauen? Wem zeigen Sie was, wem sagen Sie besser nichts? Führungswirkung entsteht auch durch Adaptation, und Ibarra nennt es das Chamäleon-Prinzip.

Wer seine Umgebung beeinflussen will, muss sich zu ihr in Beziehung setzen. Wer das will, muss in Teilen so werden wie sie. Das Chamäleon ist auch ein Bild für professionelles Einssein mit der Umgebung. Wenn wir das weiterdenken, dann fällt uns auf, dass gerade das das Ziel befriedigender Berufstätigkeit ist: nicht mit der Umgebung überkreuz zu liegen. Das Chamäleon ist das Pendant zu denen, die ehrlich sein wollen zu sich selbst.

Die Chamäleons lernten in der Studie schneller, sie wussten genauer, in welchem Film sie spielen, was die Rolle ist, in welcher Kultur sie agieren, zu welchen Menschen sie sprechen. Bezogen auf Ihre Führungswirkung heißt das: Sie werden erst dann so richtig authentisch, wenn Sie sich ändern.

Sich selbst treu sein zu wollen setzt zwei Dinge in Beziehung: Wie wir meinen, zu sein, und wie wir in der Vergangenheit waren. Es muss Ihnen aber darum gehen, wie Sie in Zukunft handeln. Und noch eines muss allen klar sein, die auf purer unveränderter Authentizität beharren: Sich selbst treu bleiben heißt, jemand anderem untreu zu sein, dem Auftrag gegenüber, dem Film gegenüber, in dem wir spielen, und dem Arbeitsvertrag gegenüber untreu werden. Richtig im Führungs- oder Repräsentationsalltag: das Gegenteil des Klischees. Wichtig im Führungsalltag scheint es zu sein, genau entgegen den Klischees zu leben.

Allzu oft, wenn Sie authentisch handeln, handeln Sie unethisch! Wenn Sie sich selbst vor das Ganze setzen, wenn Sie Ihre Gefühle pflegen statt Ihre Arbeit zu machen, vor allem, wenn Sie Abstand vermissen lassen. Ich brachte das, übrigens bevor es Reinhard Sprenger treffend tat, auf den Begriff: »Halten Sie sich selbst auf Distanz!« Also, authentisch sein, ehrlich zu sich selbst, so was steht nicht im Vertrag. Seien Sie ehrlich zum Ganzen, das Ihre Brötchen bezahlt. Erst das ist ethisch.

SEI SPIELERISCHER MIT DIR SELBST!

Alle modernen Manager wollen wechseln, mehr aus sich machen, aber wir alle haben oft Zweifel darüber, ob wir es können. Und die allermeisten haben Angst. Manche haben Angst, sich zu fühlen wie Hochstapler. Dieses Impostor-Phänomen ist in der Psychotherapie bekannt. Man glaubt plötzlich, gar nicht zu können, wofür man eingestellt worden ist, und womit man sich einmal beim Head Hunter angepriesen hat. Es fühlt sich ganz unauthentisch an! Wenn es nicht aus Ihnen selbst kommt, woraus dann? Fast-ernst könnte ich sagen: Spielen Sie es, dann gelingt es!

Ich bin nicht der einzige, der Abstand zum Selbst empfiehlt. Einer der markantesten Ratschläge von Herminia Ibarra heißt: »Sei spielerisch mit dir selbst!« So müsste ein Aspekt der Führungswirkung heißen. In der richtigen Flughöhe kann man spielen. Also: Seien Sie kein True-to-Selfer. Seien Sie nicht nur-authentisch! Vielleicht geht es gar nicht darum, ehrlich zu sich selbst zu sein. Vielleicht ist besser, ehrlich zu anderen zu sein. **Auch Thomas Armbrüster zum Beispiel hat die Forderung nach Authentizität als Bündel von Utopien beschrieben.**

6 Den Auftritt planen

Ist der Auftritt professionell wie alles übrige Managen und Führen? Oft heißt die Antwort Nein. Eine oder einer hat am Sonntagnachmittag lustlos auf ein paar Charts herumgemalt, für ein Event am Dienstag, das war's. Das kommt Ihnen zu Recht nicht ganz professionell vor. Sie könnten fragen: Was haben Sie eigentlich hinter sich, was gute Führungswirkung schafft, was haben Sie um sich herum? Gibt es einen Plan?

Es gibt keine gute Kommunikationsleistung ohne gute Planung. Sie sollten für Ihre Führungswirkung drei Weisen der Dramaturgie kennen. Erstens die Dramaturgie im Sinne eines Planes von Auftritten, der Inszenierung im Zeitverlauf, zweitens die Dramaturgie von Veranstaltungen und drittens die Dramaturgie von Äußerungen in Rede und Antwort, den Redeplan. Wenn etwas schiefgeht, dann weil es keinen Plan gab, weil er nicht durchdacht oder nicht geprobt wurde oder beides nicht, oder weil jemand schlauer sein wollte als der Plan.

Wenn jemand etwas sagt, antwortet oder einfach nur erscheint, auftritt, und wenn daran etwas gut oder schlecht ist, dann ist es, so denken wir, irgendeine Art von Rhetorik. Aber dieser Blick ist zu kurz. Man kann an Menschen noch so viel reparieren, und ich erlebe genug Menschen, an denen schon dies und das repariert wurde. Ertüchtigung Einzelner bringt zu wenig. Meist stellt sich sofort heraus, dass der Rahmen nicht stimmt. Was wollen wir sagen, warum geht er da überhaupt hin? Brauchen wir Charts? Oder besser einen Plan, ein paar Stichwörter, vielleicht eine Haltung? Nichts davon hat mit den auftretenden Personen zu tun, wenn es hakt. Es gibt oft gar kein Müller-Problem; es gibt oft kein Meier-Problem. Es gibt zuallererst ein strukturelles Problem, eines des Systems. Deshalb werden Sie so lange keine Führungswirkung entfalten, solange die Vorbereitungsmaschinen neben oder hinter Ihnen Sie auf die linke Seite ziehen – und solange Sie sich kritiklos ausliefern. Zu Anfang hatte ich dieses Konzept aufgespannt zwischen systembezogen und personenbezogen. Beides muss zusammen gehen. Also, ein Kapitel über systembezogene Führungswirkung.

Das System besteht aus Menschen, die ihren Chefs zuarbeiten, Menschen, die selbst im Expertenmodus arbeiten. Und der heißt, nach soundsoviel Seiten wissen wir es: Fakten sammeln, komprimieren, archivieren, akkumulieren, erklären, erläutern und rechtfertigen. Wer täglich im Expertenmodus spielt, wird nicht per se seinen Chefs gute Auftritte vorbereiten können. Die Organisation müsste den Executive Modus kennen, das wäre ein Teil der Lösung.

Am sichersten sollten Sie Ihre persönliche Wirkung integriert mit dem Hinterland vorbereiten: Text und Bild, Bühne und Aktion, Rede und Antwort.

Der integrierte Auftritt ist die Gesamtheit der Maßnahmen, um Auftritte des Spitzenmanagements in allen internen und externen Auftritten zu planen, zu platzieren, vorzubereiten und durchzuführen. Seine Komponenten sind: Die Anbindung an Themen sowie deren rhetorische Aufbereitung in Denkstil und Sprachstil, Methoden zum Sprechstil des Vortragenden im Rahmen eines Executive-Coachings, Inszenierung, Dresscode sowie Fotoplanung des Auftritts. Integriert sieht das wie in Bild 6.1 dargestellt aus.

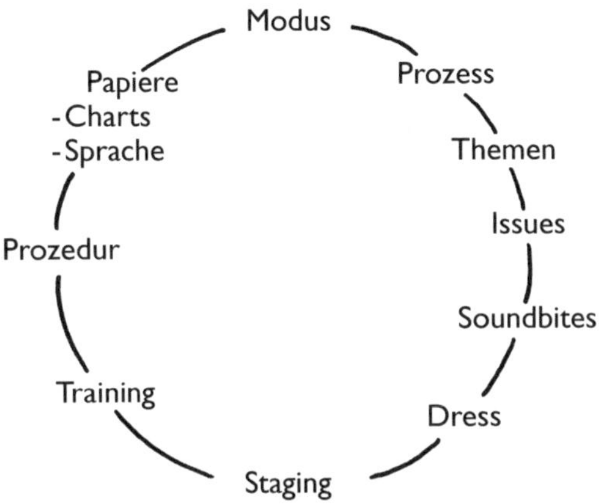

Bild 6.1 Der integrierte Auftritt

Wenn Sie Auftritte vorbereiten, müssen Sie auf einen Punkt hin denken: Wofür steht der Auftritt? Danach Antworten auf die Fragen: Wo platziert? Wer zu welchen Themen? Mit welchen zitierbaren Äußerungen, welchen Soundbites? In welchem Ton? In welcher Prozedur? Vorlesen, frei reden etc.: Wie inszeniert? In welchem Dress und in welchem Bühnenbild? Danach Themen und Stichwortmodule, und am Schluss Coaching oder Probe. Man plant Auftritte integriert, indem man ein paar klare Punkte stimmig macht. Es sind zugleich die Arbeitsgebiete, auf denen Sie mit Ihrem Kommunikationsteam arbeiten müssen. Sie sollten dafür sorgen, dass die Kommunikateure und Assistenten die Mechanik hinter Ihrem Auftritt kennen. Die vier Ps: Processes – Procedures – Papers – Preparations.

Processes: Prozesse am Ergebnis ausrichten

Prozesse werden effizienter, indem Sie von Anfang an an das Ergebnis denken. Und das ist im Executive Modus nicht irgendein Papier. Führungswirkung unterstützt das, wofür der Auftritt steht, und ist an die Strategie gekoppelt. Zunächst entsteht ein Plan über Botschaften, dann eine Liste von Befindlichkeiten des Publikums, die anzusprechen sind, sodann eine erste Dramaturgie. Dann Stichwortkonzept und Probe.

Procedures: Prozedur des Sprechens wählen

Es gibt drei Prozeduren des Sprechens: vorlesen, auswendig sprechen und frei formulieren.

Vorlesen: Man macht einen Plan! Man setzt sich hin und schreibt auf, was man sagen will, sauber, grammatisch korrekt, am liebsten vollständig. Aber das bringt zwei Probleme:

- Der Text könnte langweilig werden, sobald Sie ihn sprechen wollen.
- Der Text wird wahrscheinlich beim Vorlesen falsch betont werden.

Wissenschaftlich bewiesen sind seit fast 90 Jahren, seit dem Beginn der Sprechwissenschaft, zwei Umstände:

- Text vorzulesen treibt das Sprechtempo.
- Text vorzulesen macht Melodien monoton (wenn Sie nicht gerade professioneller Vorleser sind: eine Kunst, die fast nur noch in öffentlich-rechtlichen Sendern gelehrt wird).

Diese Umstände lassen kein gutes Haar am Vorlesen. Also, wir wollen es kurz machen: Vorlesen ist immer die falsche Prozedur – von der Hauptversammlung abgesehen.

Auswendig sprechen: Sie wollen ganz frei in der Landschaft stehen. Das ist schön, wie Steve Jobs, hab ihn selig. Aber Sie haben nicht eine ganze Woche Zeit, den Auftritt zu proben. Ist der Text fertig, bedeutet das einen weiten Weg von der Kreation zur Aktion. Redeplanung und Satzplanung in verschiedenen Situationen, das behindert Flexibilität. Die Idee des Auswendigen ist nicht neu, auf Theaterbühnen wird sie täglich umgesetzt. Schon die Antike kannte die *memoratio* als Teil jeder rhetorischen Performance. Aber ist das für Ihre Führungswirkung geeignet? Das Auswendige verliert fast immer das Gegenüber; es ist an niemanden gerichtet. Das Auswendige wird deshalb oft zu schnell, das treibt das Tempo. Die Melodie wird isoton, gleichförmig, mit eigentümlichem Singsang. Tun Sie es nicht.

Frei formulieren: Frei sprechen bedeutet Satzplanung in der Situation. Kein Text, nichts Memoriertes. Frei sprechen ist Sprechdenken in aktueller Situation, das meist auf ein reales oder fiktives Gegenüber gerichtet ist – oder als Selbstgespräch an sich selbst. Die Redeplanung, die Reihenfolge also, muss nicht frei sein, aber die Satzplanung ist die der Situation. Frei sprechen bedeutet nicht planlos zu sprechen. Deshalb sind Stichwörter hilfreich. Es sollten aber eben nur Wörter da stehen, nicht Sätze.

Ihr frei Formuliertes sollte einem Redeplan folgen, wie beginne ich, wie ende ich? Redeplan und Satzplan werden gern verwechselt; »ganz frei« – ohne Redeplan – ist oft viel zu authentisch und gefährlich. Es assoziiert.

Schließlich hören wir oft: Auf den Charts steht ja was. Sorgen Sie besser dafür, dass auf den Slides wenig steht, und in keinem Fall Ihr Stichwortkonzept, das die Hörer dann vorher lesen. Deshalb sind oft überfüllte Charts verdächtig. »Vom Chart« frei zu reden ist im Führungsalltag die häufigste Prozedur, und die schlechteste (siehe Taktiken: »Von Papier zur Aktion«, »Von schriftlich zu mündlich«).

Products: Geeignete Papiere herstellen oder beauftragen

Der Weg in den Executive Modus ist einer vom Produkt zur Aktion; von schriftlich zu mündlich. Manche Führungswirkung wird heruntergezogen durch schlechte Charts und grausigen Text. Also fragen wir: Was haben Sie am Ende als Produkt vor sich? Was die Papiere auch immer sind, sie wollen Ihre Wirkung unterstützen und nicht blockieren.

Schriftdeutsche Papiere sollten verschwinden oder zu praktikablen Redevorlagen werden, Q&A sollten zu Themensettings werden, Vorlesetexte werden teils unnötig oder sehen nicht mehr so aus, Charts sind nicht mehr überfüllt und »selbsterklärend«. Wenn schon Papiere, dann solche, die den Auftritt stützen – und nicht umgekehrt.

Preparations: Sich professionell vorbereiten

»Ich hatte mit ihr gesprochen! Das ist immer das Beste. Ich hatte sofort einen sehr guten Eindruck. Schon die ersten Worte, die sie sagte … so klar.« Das sagte mir der Aufsichtsratsvorsitzende eines DAX-30-Konzerns, als er einen Personalvorstand suchte. Sie wurde es dann. Ich musste erwidern: »Nur Rhetorik!« Und wir mussten beide lachen. Die Kandidatin hatte sich offenbar – auf diese ersten Worte – gut vorbereitet. Es konnte nur so gewesen sein. Das Wirksame kommt nicht aus uns heraus; es ist fast immer geübt. Wer etwas aus einem Ärmel schüttelt, muss vorher etwas hineingetan haben.

Warum in aller Welt sind Bewerbungsgespräche gegenüber allem Papier das ultimative Mittel der Entscheidung? Bewerbungsgespräche werden vorrangig und oft überhaupt nur geführt, um einen unverstellten Eindruck zu bekommen. Aber genau das bekommt man ja dort nicht! Gerade die, die sich besonders gut vorbereiten, die besonders lange über ihr Outfit nachgedacht haben, die besonders intensiv ihre ersten Worte eingeübt haben, erreichen Wirkung. So war es auch in diesem Fall. Die Kandidatin wurde eingestellt, und das war richtig. Sie war nicht nur 1a, was den Eindruck angeht, sie war es auch sonst. Aber sie wäre nie dort gelandet, wenn sie nur »fachlich gut« gewesen wäre. Das war sie auch, aber sie hatte sich besser vorbereitet. Sie war auf der rechten Seite, im Executive Modus. Vorbereitung, *preparation*, muss sein: Ohne Prep kein Pep.

Dass man lernen sollte, ist klar, aber warum überhaupt sollten Sie sich für Auftritte professionell vorbereiten? Weil das Folgende auf Sie zutrifft?

- Unwohlsein mit der kommenden Situation.
- Unzufrieden sein mit bisherigen Vorbereitungsprozessen.
- Unzufrieden sein mit Papieren/Produkten.
- Zu wenig Feedback – nur positives Feedback.
- Angst vor Risiken.
- Termine, die wie Prüfungen sind: Gremien, Aufsichtsrat etc.
- Generelle Lust am Lernen und an Auftritten.

Der PayPal-Mitgründer und Investor Peter Thiel sprach in der Frankfurter Paulskirche im Deutschen Wirtschaftsforum der ZEIT. Er schwitzte, er war hoch konzentriert, er sprach teils Deutsch, obwohl es nicht seine Muttersprache ist. Ein Milliardär, der nun wirklich sagen könnte, was immer er will, die Veranstalter und das Publikum können froh sein, wenn der überhaupt da ist. Aber es war anders. Ich habe einen Riecher dafür. Mit jedem seiner Atemzüge, in jeder seiner Formulierungen spürte ich: Er hatte sich präpariert, vorbereitet und geprobt. Ein Profi im Executive Modus.

Professionelle Vorbereitung betrifft immer auch Ihr Team! Qualifizieren Sie Kommunikateure und Assistenten weiter, wenn Sie in der glücklichen Lage sind, welche zu haben. Oft gibt es eben kein Meier-Problem und kein Müller-Problem, sondern es hakt irgendwo in einem der vier Ps. Hauen Sie auf einen in der Nähe stehenden Tisch, wenn Sprachmaterial und Frameworks nicht zu gebrauchen sind. Im Ernst: Fragen Sie nach dem Plan, Lesen Sie nichts vor, lehnen Sie Industrielyrik ab, erläutern Sie keine selbsterklärenden Charts. Fragen Sie nach der Bühne, nach all den anderen vermeintlichen Kleinigkeiten: Wie soll ich da stehen? Wer soll welche Fragen beantworten? Stellen Sie sich vor, wie die Wirkung sein soll. Und gehen Sie vor allem nirgendwo hin, wo Ihre Rolle nicht klar ist. Lassen Sie sich nicht in den falschen Modus locken. Und nehmen Sie Rat an; davon handelt das nächste Kapitel.

7 Executive Modus Coaching

Gute Führungswirkung braucht vier Dinge: Erstens Überblick haben, auf Flughöhe kommen. Zweitens geeignete Taktiken, um Wirkung zu erzielen. Diese beiden Aspekte sind Gegenstand dieses Buches: Wie man Flughöhe erreicht und das auch für die Führungswirkung nutzt, *mindsets and capabilities*. Drittens brauchen Sie Ambition, *executive sophistication*, und viertens Lernfähigkeit. Denn ohne Lernen kommt niemand in einen Executive Modus.

Tiger Woods war ein Junge, der früh erkannte, dass seine Auge-Hand-Koordination überdurchschnittlich ist. Danach trainierte er ebenso überdurchschnittlich genau diese Auge-Hand-Koordination. Man nennt diese Methode »Stärken stärken«.

Wir reden über Lernen auf hohen Niveaus. Talente sind hilfreich, und man soll sie fördern. Sie genügen aber nicht für die Aufgaben mit Führungswirkung, über die wir hier reden. Es geht dabei um gerade das, was in deutschsprachigen Expertenkarrieren so selten vorkommt: auf einer Bühne stehen, kritische Fragen beantworten, schwierige professionelle Gespräche, Medienauftritte, teils mit Börsenkurs-Relevanz. Talente für diese Aufgaben sind selten. Naturtalente gibt es hier nicht.

Ich arbeite deshalb meist in die entgegengesetzte Richtung. Die Methode heißt »Schwächen schwächen« – oder praktisch, so unschön das Wort ist »Schwächen wegtrainieren«. Was für den durchschnittlichen Spitzenmanager jenseits jeder Veranlagung ist – wie gesagt, Prototyp ist Mathematiker, bei einer Strategieberatung gewesen, dann Finanzvorstand, das gelingt am Ende eines solchen Prozesses besonders gut. Der erste, der den Award »Bester Managerauftritt« bekam, der CEO der Continental AG, war bestimmt kein Naturtalent in Rhetorik und überzeugte trotzdem.

Vielleicht, weil es lange gegen Widerstand geübt ist, bis die Schwäche geschwächt ist? Die Vermutung ist begründet. Was man gegen Schwierigkeiten lernt, wird offenbar stärker als das, was man ganz leicht lernt. Mithilfe von Computertomografie wurde nachgewiesen, dass Menschen mehr erreichen, wenn man ihnen den Lernprozess erschwert. Wer es schwerer hat zu lesen, liest intensiver, wer einmal eine Phase lang gestottert hat, spricht intensiver. Das ist auch meine Erfahrung mit Klienten: Wer als Ingenieur oder Naturwissenschaftler keine Stimmungskanone war, produziert nach einem Lernprozess oft bessere Stimmungen als manches vermeintliche Naturtalent – die Rampensau liegt ebenso häufig daneben wie der blasse Ex-Programmierer im Expertenmodus.

Fragen Sie erfolgreiche Menschen, wer von ihnen in der Schule die Diagnose »Lernschwierigkeiten« bekommen hat. Es sind sehr, sehr viele. Und sie wissen, was Lernen bedeutet. Legastheniker schreiben am Ende eines steinigen Weges weniger Fehler. Sie schreiben nicht extrapyramidal, wie beim Autofahren; das Schreiben geht ihnen nicht in Fleisch und Blut über. Das Schreiben verbleibt in den Pyramidenbahnen des Gehirns, wo jeder Schritt bewusst gesetzt ist und geprüft wird. Wem das Agieren in einem neuen Modus Probleme macht, lernt intensiver. Schwächen zu schwächen wirkt nachhaltiger.

Zurück zu den Tiger Woods dieser Welt. Niemand würde Golf spielen wollen, ohne sich die Regeln erklären zu lassen und einige Male unter Anleitung die ersten Schritte zu tun. Ohne Training ist Wirkung unwahrscheinlich. Für Führungswirkung gilt das ganz dezidiert.

Trotzdem gehört es zu den beliebtesten Gesellschaftsspielen unter Managern, den Effekt von Rhetorik- und Führungsseminaren anzuzweifeln. Wer das tut, könnte zum Beispiel die 2016er-Untersuchung von Ulrike Nespital über die Entwicklung rhetorischer Fähigkeiten ansehen. Eine Vorher-nachher-Befragung ergab, dass die Studierenden nach Abschluss jeweiliger Trainings ihre kommunikativen Fähigkeiten signifikant besser und ihre Widerstände und Schwierigkeiten signifikant geringer einschätzten als vorher. Die Studie zeigte, dass vor der Entwicklung von Fähigkeiten immer das Mindset steht: Man muss sich in den passenden Modus versetzen. Die Verbesserung der rhetorischen Fähigkeiten korrelierte signifikant mit dem Abbau von Störungen und Aversionen gegen die Aufgabe. Wer trainiert, verliert die Angst und kommt leichter heraus aus dem eher authentischen Modus: Ich muss da jetzt hin – und leichter in einen Wirkungsmodus: Ich will das.

Spezielle Aufgaben – und Redesituationen – brauchen spezielle Methoden, das macht die Auswahl schwer, aus Tausenden Präsentationsseminaren, billigen und teuren – oft sinnlosen Körpersprache-Workshops. Inzwischen gibt es schon Medientrainings für Menschen, die niemals oder besser nicht in den Medien sein werden. Aber vieles davon ist gerade nicht zu gebrauchen für jemanden, der als Executive nach innen Zusammenarbeit organisieren will – oder nach außen für seinen Arbeitgeber Freunde schaffen sollte. Manche solcher Maßnahmen zementieren den Expertenmodus. Entweder fällt den Referenten Flughöhe eher schwer – oder es mangelt an Qualifikation für Training und Coaching.

Wenn wir einen Arzt brauchen, sagen wir, für eine kleine OP, dann gehen wir zu einem, der die Qualifikation hat, vielleicht Supervision nachweisen kann. Weil wir wissen: Wenn jemand etwas oft und regelmäßig tut, vielleicht nur dieses tut, dann wird der irgendwann richtig gut. Das ist der Moment, von dem an die Kunden profitieren, Patienten, Zuhörer. Qualifikation ist entscheidend.

Qualifikation für Auftrittsvorbereitung nimmt in vielen Unternehmen nach oben hin ab. Während zwei Stufen tiefer die High Potentials und deren Trainer durch immer neue Qualitätsmaschinen geschleust werden, heißt es in manchem Vorstand über den Coach: Den kenne ich noch vom Fernsehen damals, jemand, der »was mit Medien zu tun hatte«. Kein Drei-Wochen-Kurs in Rede- oder Gesprächsdidaktik, nicht einmal ein Wochenendkurs; sprechtheoretische oder andere wissenschaftliche Begründung von Ratschlägen: nichts. An jeder Volkshochschule geht es qualifizierter zu.

Das Pendant bekommen die Klienten gleich mit: Mäßige Qualität wird sekundiert von mäßiger Quantität, beide gehören zusammen. Oft soll in zwei mal drei Stunden Führungswirkung verbessert werden. Aber gute Arbeit an Führungswirkung ist unter einem Tag nicht zu haben. Es gibt allgemeine und spezielle Executive-Coachings für konkrete Auftritte. Die allgemeinen dauern einen Tag, neun Stunden; wenn die Arbeitsbeziehung eingespielt ist, sind konkrete Auftrittsvorbereitungen manchmal kürzer. Drei bis vier Stunden genügen definitiv nicht.

Lernen

BESTÄTIGUNG UND BEHARRUNG

Gehen wir eine Stufe tiefer. Ich beobachte zwei Arten des Lernens. Die erste verhindert es eher. Hier hält man am Bestehenden fest: Die sich selbst als authentisch deklarieren, sind hierin ganz vorn. Als Kind haben sie mir gesagt: Das wird nichts. Das weiß ich alles. Das kann ich schon lange. Ich war ja lange in den USA. Ich habe Redetalent. Das mache ich seit Jahren ganz ordentlich. In Gesprächen kann ich ja Leute begeistern. Sicher, man kann immer etwas besser machen … Dahinter steht das Mindset des Unveränderbaren. Es bewertet, es setzt Endpunkte, es schließt ab. Menschen mit dem Mindset des Unveränderbaren stecken gern in Schubladen: Gut, das ist so, das war immer so, ich weiß Bescheid, das wird nie mein Ding sein. Glauben Sie mir, ich kann solche Sätze zu einem Potpourri verarbeiten und singen.

Die Abwehr ist verständlich, weil Auftritte aufregend sind, Kritik provozieren, Reputation zerstören oder Aktienkurse beeinflussen können. Wer das nicht aushält, ohne sich auf Unabänderliches zurückzuziehen, gehört allerdings nicht in Führungsrollen. In meiner Praxis in Executive Coachings für Auftritte habe ich mit den Jahren immer weniger dieser Art kennengelernt. Es wird wahrscheinlich noch genug davon geben, aber diese lernen nicht in Trainings und Coachings.

Lernen muss zwangsläufig Bestehendes infrage stellen. Herminia Ibarra sagt: »It's no wonder routine crowds out strategy«, und wir könnten das abwandeln: Kein Wunder, wenn Routine deine persönliche Führungswirkung zerstört. Diejenigen, die die zwölf Taktiken umsetzen, dürfen gar nicht auf dem Bestehenden beharren, sie können gar nicht aus diesem Holz sein. Es muss eine zweite Art des Lernens geben.

ERWEITERUNG UND ÖFFNUNG

Der Kommunikationschef eines Industrieunternehmens möchte seinem neuen Finanzvorstand helfen, bessere Präsentationen und Antworten zu liefern. Er weiß, dass dieser »fachlich gut« ist und sagt mir über ihn: »Menschen überzeugen ist nicht sein Ding, das wird er nie so richtig lernen.« An diesem Punkt bin ich oft, und ich sage dann fast immer dasselbe: »Wenn wir das nicht in kurzer Zeit hinbekommen, dann gehört er nicht auf diesen Stuhl.« Was passiert da? Der Kommunikationsmanager unterschätzt seinen Vorstand. Wir wissen, was kommt. Selbstverständlich hat der Finanzvorstand gelernt, seine Aufgaben zu erfüllen, na klar. Die Geschichte geht weiter; er ist CFO eines DAX-30-Konzerns, und er wird gelobt wegen seiner klaren und zugewandten Antworten auf der letzten Bilanzpressekonferenz. Die hatten wir gar nicht gemeinsam vorbereitet, nur die ein Jahr vorher: Er hatte gelernt und Nachhaltigkeit des Gelernten abgesichert. Er ist von der Sorte zwei, er öffnet sich.

Aber warum eigentlich lernen manche schnell und nachhaltig und manche nicht? Es hat nicht nur habituelle Gründe – der ist eben so. Ich habe geschlagene elf Jahre Russischunterricht genossen, in der Schule und an der Universität, Jahr für Jahr. Immer gab es am Ende irgendeine Prüfung, und immer wieder habe ich sofort danach alles vergessen. In meinem Kopf war: Ich will nicht Russisch lernen – es war die Sprache derer, die für das kommunistische System standen. Aber Russisch ist eine wunderschöne Sprache, von der ich heute wünschte, ich beherrschte sie. Auch Sie kennen diese Art Lernen. Sie ist sinnlos, weil sie kein Ziel hat – oder das angebotene Ziel ablehnt.

Es ist nicht Intelligenz, es nicht nur die Didaktik des Lehrers, nicht nur die Methode, die die Erfolgreichen von den anderen unterscheidet. Es ist am Ende die Bereitschaft zum Lernen für ein Ziel, die über den größten Teil des Erfolges bestimmt. Man nennt diesen Prozess Potenzialentfaltung. Es ist das genaue Gegenteil von dem, was die meisten Menschen gegenwärtig betreiben: bloße Ressourcennutzung. Auch der US-amerikanische Wissenschaftler Gary McPherson hat das untersucht an Kindern, die Instrumente lernen. Er belegte, dass nur die mit längerfristiger Leistungsbereitschaft nachhaltige Lernerfolge schaffen. Und das waren in seiner Studie genau die, die diesen einen Satz zu sich selbst sagten. Der Satz hieß: »Ich bin ein Musiker.« Die anderen, die ohne Flughöhe, fallen zurück. Sie fallen oft genau so weit zurück, als hätten Sie nie geübt, so wie ich beim Russischlernen.

Wenn Sie an sich arbeiten, und mehr aus sich machen wollen, als Sie sind, brauchen Sie diese Leistungsbereitschaft. Wenn Sie einen Auftritt hinlegen wollen, sollten Sie sagen: »Ich will Wirkung.« Dieses zentrifugale Lernen kommt von innen nach außen, von Motiven und Einsichten her. Aber es gibt auch zentripetales Lernen, von außen nach innen: Man macht es, möglichst mehrfach, und dann wird man so. Matter-over-Mind.

Sie sollten beides beherrschen. Zuerst die beschriebene Zentrifuge – erst innen man selbst werden, den Ausdruck klären, dann außen den Eindruck ändern. Aber nicht alles – im Führungsalltag eher das wenigste – können Sie aufwendig von innen entwickeln und dann zentrifugal umsetzen. Deshalb ist, wenn es schneller gehen soll, manchmal der umgekehrte Weg besser: vom äußeren Wirkungsziel her. Das Vorgehen vom äußeren Ziel her ist zentripetal. Es geht umgekehrt zur Zentrifuge vor, von außen nach innen. Man nennt das Prinzip *matter over mind*. Es steht hinter jeder Art Training. Wer es erfolgreich praktiziert, fühlt es auch – und zeigt es nach außen. Diesen Kreislauf zu schließen, dazu sollten Coaching und Training beitragen.

An seiner Antrittsrede 1961 hat John F. Kennedy mehrere Monate gearbeitet. Es wurde eine der größten Reden überhaupt, mit einem der berühmtesten Sätze der Zeitgeschichte: »Ask not what your country can do for you – ask what you can do for your country.« Steve Jobs übte etwa eine Woche seine Keynote. Das war nicht Coaching, das war Training.

Für die berühmte Rede auf dem Balkon des Schöneberger Rathauses in Berlin 1963 ließ Kennedy einen Deutsch-Amerikaner einfliegen, der ihm beim Formulieren einiger deutscher Sätze helfen sollte. Da es mit der Aussprache nicht so klappte, verwarf er den Plan. Tatsächlich hat er sich dann buchstäblich auf der Treppe des Rathauses überlegt, dass er doch einen Satz auf Deutsch sagen würde: »Ich bin ein Berliner.«

Wer Mitarbeiter in ihrer eigenen Sprache anreden kann, gewinnt viel. Wir dürfen größten Respekt hegen vor Kollegen, die als Expatriates noch so entlegene Sprachen erlernen, um bei ihren Teams anzukommen. Gerade dies ist etwas, worin Ihre angelsächsischen Kollegen kein Vorbild sind. Die Folgen dieser Arroganz des Nicht-Anpassens sind schon jetzt abzusehen. Sie wenden sich ab, wenn Kommunikation ohne Sie vor sich geht, weil Sie nicht schnell genug eine Antwort in Englisch haben. Reinhard Sprenger liegt sicher richtig mit seiner Vermutung, dass hier richtig viel Wert vernichtet wird.

Zurück zur Berliner Rede und anderen großen Reden. Sätze wie »Ich bin ein Berliner«. War das spontan? Natürlich nicht. Nur wenn du etwas parat hast, kannst du spontan wirken. Kennedy kannte den Satz von Cicero, mit dem der sich 2000 Jahre früher schon Freunde gemacht hatte – »Ich bin ein Bürger Roms«. Kennedy hatte das Zitat schon Jahre vorher in New Orleans verwendet. Er dachte: Was in Rom und New Orleans geht, geht auch in Berlin.

Ein topisches Verfahren. Man sucht an Orten *(topoi)*, an denen man Inhalte vermutet, die es schon gibt. Das geht auf ein Buch des Aristoteles zurück, die *Topik*. In Berlin 1963 hatte ein US-Präsident den passenden *Topos*. Genau genommen waren es seine Berater, die ihm den Vorschlag machten. Verlassen Sie sich nicht darauf, dass Ihnen so was einfällt. Hüten Sie sich, wenn jemand rät: Sei spontan! Spontaneität und Authentizität – das ist das erste Argument gegen Training. Man will sich nicht verbiegen lassen. Arbeit an sich selbst ist ohnehin gewaltig in Verruf gekommen, seit dem Kult des Authentisch-sein-Wollens, nur noch das zu tun, was aus einem selbst kommt.

Zu wenig Zeit zur Vorbereitung! Das ist das zweite große Argument gegen Training. Klar, es ist immer zu wenig Zeit, für alles. Aber lernen kostet nur auf den ersten Blick Zeit – aber langfristig spart es Zeit. Das sollten Sie sich klarmachen.

Eine Methode, Kreativität, Redeweisen, was immer, nachhaltig skalierbar zu machen, auch nach Jahren noch anwenden zu können, das setzt voraus, sie erlernt zu haben.

Executive Coaching – oder Training, es spielt keine Rolle – hat zwei Aufgaben. Erstens Einsichten, Mindsets, zweitens Fähigkeiten. Während die meisten Coachings lediglich Mindsets entwickeln, muss Handwerk trainiert werden. Wer zwei Stunden mit Klienten auf einem Stuhl an einem Tisch sitzt, wird Führungskommunikation nicht erfolgreich verändern können. Wer sich nachhaltig für Führungskommunikation vorbereiten will, braucht Übung.

Der mit dem schönen Vorlesetext braucht nicht zu üben. Ich habe kürzlich in Frankfurt den CEO eines Zeitungsverlages erlebt, er hatte Gäste zu begrüßen, und er las einen Text vor, den er sich geschrieben hatte. Wir sprachen anschließend darüber. Nicht über die Wirkung, die interessierte ihn nicht, Feedback wollte er gar nicht. Sein Thema war Zeitaufwand, er wollte nicht zu viel in seine Vorbereitung investieren. Dabei hatte er sich ja vorbereitet; nur mit ungeeigneter Methode. Er hatte sorgfältig Text geschrieben – und ihn schnoddrig-cool vorgelesen – mit flachem Ergebnis. Mit Stichwörtern wäre er besser gewesen, die Vorbereitung effizienter und die Methode nachhaltiger – siehe Taktik »Von schriftlich zu mündlich«.

»Verstanden, klar, das mache ich so, das brauch ich nicht groß üben!« Die Einstellung stimmt, intellektuell erfasst, was braucht es noch? Das ist wunderbar, aber es ist nur die halbe Wahrheit. Vielleicht muss es ja auch praktiziert werden, wahrscheinlich mehrmals. Trotzdem wird immer wieder gefragt: Geht es nicht auch ohne Training? Nein, geht es nicht. Dazu hat der Bestsellerautor Malcolm Gladwell seine 10 000-Stunden-Regel aufgestellt. 10 000 Stunden, das ist die Zahl, die die Besten von den anderen unterscheidet, die, sagen wir, 3000 Stunden Übung haben.

Die Zweitbesten hatten 3000 Stunden Training. Jetzt schauen wir zu uns, nach Deutschland: Worüber reden wir hier – nehmen wir Wirtschaft – oder nehmen wir Politik? Über Menschen, die 300 Stunden Training hatten, oder 30? Wir reden eher über drei! Zwei der letzten deutschen Kanzlerkandidaten hatten einige etwa dreistündige Coachings. Es sind zwei von denen, die verloren haben – eigentlich waren es vier Verlierer, bei dem dritten dürfen wir gänzliche Resistenz annehmen, wenn er die Wahrheit sagte, als er nach Training für seine Auftritte gefragt wurde. Nur inhaltlich werde er sich vorbereiten, sehr Deutsch.

Dem Prinzip Wirkung ordnen sich zum Beispiel US-Amerikaner hemmungslos unter. Der Starcoach Michael Sheehan über seine Klienten – und das sind gleich drei Präsidenten der Vereinigten Staaten von Amerika: »I bring out their strengths, I try to bring out the best qualities in candidates that they already have.« Wie so etwas ohne klassisches Training gehen soll, ist unklar. Lernen heißt auch, über das hinauszugehen, was ohnehin da ist. Dazu müssen Sie bereit sein, und auch über mehr als nur einen Schatten springen. Das setzt die Bereitschaft zu Übung voraus. Erst Übung bringt anfassbaren Erfolg.

Bei jedem Üben entscheidet die Methode. Wie auch im Sport gibt es verschiedene Schulen und verschiedene Trainer. Es gibt den Drill Sergeant, den Schleifer, den Guru und den Teamleiter, den Richtungsweiser, den Ingenieur und den Mechaniker. Wo es um Einsichten geht, den Plan, warum etwas wie geht, ist Coaching und Training kaum anders als eine Ingenieurwissenschaft. Mechaniker drehen an Hebeln, und wirkungsvolle Führungskommunikation wird an einem Punkt eben auch mechanisch hergestellt, sie sieht aus wie Kunst, ist aber Handwerk, bei dem es um Fähigkeiten geht: zuhören, reden, antworten. Handwerk muss man lernen, einüben, trainieren.

Trainer statt Coach

In den 1990er-Jahren wollte jeder Trainer sein. Aber seit vielen Jahren sinkt die Reputation dieses Berufes beständig. Inzwischen ist alles Coaching; profanes Exerzieren kommt in vielen Konzepten gar nicht mehr vor. Training scheint aus der Mode gekommen zu sein. Einüben scheint nicht mehr gewünscht zu sein, es hat keinen Glanz. Es scheint wie mit den Ärzten zu sein. Ein praktischer Arzt ist ganz gut angesehen, als Hausarzt eventuell, ein Chirurg genießt schon höheres Ansehen, aber ein Herzchirurg ist im Ranking ganz oben. Ein Trainer ist altmodisch, ein Coach en vogue.

Das wird nicht so bleiben. Coaches und Trainer gab es immer, zur Verbesserung des Individuums, beginnend mit den Übungsformen in der Geistesgeschichte der letzten 2000 Jahre über orientalische Meditations- und Askesepraktiken bis in heutiges Training und Coaching. Wer hätte es gedacht, der Trainer ist inzwischen zum Gegenstand moderner Philosophie geworden, salonfähig. Peter Sloterdijk hat das in *Du musst dein Leben ändern* in ein anthropologisches Modell eingefügt: der Mensch als Übender. Unter Übung versteht Sloterdijk »jede Operation, durch welche die Qualifikation des Handelnden zur nächsten Ausführung der gleichen Operation erhalten oder verbessert wird, sei sie als Übung deklariert oder nicht«. Die

»immunitäre Verfassung des Menschenwesens« meint, dass der Mensch bestrebt ist, sich zu perfektionieren, und zwar biologisch, soziokulturell (juristisch, militärisch, politisch) und symbolisch (Kunst) – und durch »spirituelle Übungssysteme« (Religionen). Das Sloterdijk-Buch ist ein einziges Plädoyer für diese anerkannte stete Arbeit des Menschen an sich selbst.

Dahinter steht eine uralte Einsicht: Alle religiöse Praxis ist ohne Exerzitien nicht vollständig, es muss auch tatsächlich gemacht werden, was gedacht wurde. In Sloterdijks »allgemeiner Disziplinik« sind die Trainer als die Agenten dieser Übungstätigkeit nicht abgewertet, wie es Mode geworden ist.

Zum Schluss, man muss es sagen, es kostet Geld. Die Kosten scheinen hoch, aber das Ergebnis ist es auch. Die US-Star-Coachin Suzanne Bates sagt: Bedenken Sie die Kosten wirkungsloser Rede!

Kein Publikum bei Coaching und Training

Ich bin manchmal mit einem Vorstand und ein oder zwei Kommunikationsleuten ein paar Stunden in einem Raum zusammen. Ich kann mit Händen greifen, wie sehr Mitarbeiter schwitzen, wenn der Chef sagt: »Kein Problem, Frau X darf dabei sein und soll mir Feedback geben.« Hilfreich ist das selten. Erstens stört das Feedback oft den didaktischen Verlauf, meinen Plan, für den ich verantwortlich bin. Zweitens entsteht unversehens ein Rollenkonflikt: Als wer ist die oder der dabei? Niemand soll Sie fotografieren, während Sie neben einem Golflehrer stehen und er Ihren Schlag führt.

Was herauskommt, ist oft gefärbt. Warum sagen Mitarbeiter schräge Sachen? Erstens, weil sie in ihrer Verzweiflung ganz anderes sagen als das, woran im Coaching gearbeitet werden sollte. Zweitens liefert solches Feedback die Verzerrungen der Beziehung gleich mit. Sind die Beziehungsverzerrungen erst einmal auf dem Tisch, verlangen sie nach Bearbeitung, das kostet Zeit.

Wenn Sie operiert werden, wollen Sie nicht, dass Videos der OP Fremden gezeigt werden; das verstößt gegen den Datenschutz. Schon gar nicht soll der Arzt den Film mitnehmen. Dennoch verwundert es, wenn zuhauf unterschrieben wird, das »persönliche Video« werde hergestellt und dann übergeben. Mir zum Beispiel wurde aus solchen Videos schon sehr viel gezeigt, das ich besser nicht gesehen hätte. Umgekehrt achte ich deshalb peinlich auf Vernichtung. Ich bin einmal nachts von Frankfurt nach Zürich und zurück gefahren, weil ich ein Video in einer Hotelkamera vergessen hatte, und weil der Hinweis »Bitte vernichten – ganz prominente Person! Und heikles Thema!« erst recht animiert hätte, das Ding in den Medien zu platzieren. Videos aus Coachings oder auch nur aus Proben müssen sofort vernichtet werden, es sind Lernschritte, keine Bewerbungsprodukte.

Schließlich stehen Sie vor der Frage, ob Sie sich eher früh oder erst kurz vor wichtigen Kommunikationen vorbereiten sollen. Tun Sie beides. Sobald ein wichtiger Auftritt kommt, einige Zeit vorher, und noch einmal am Vortag. Versuchen Sie möglichst an den Ort des Auftritts zu gehen!

Butterfahrten

Wer bei einem Seminarveranstalter ein Seminar bucht, liest nicht selten »Teilnehmerzahl begrenzt, 15 Personen«. Das ist happig. Mit 15 Personen etwas solide zu trainieren ist schwer möglich. Das mag dort noch angehen, wo ein Referent stundenlang Charts zeigt; es ist schlicht fahrlässig, wenn es um Fähigkeiten geht.

Solche Butterfahrten funktionieren nur deshalb, weil die Referenten nichts kosten – oder so was Ähnliches. Die Auftraggeber scheuen sich nicht, das zu begründen: Die Referenten können Kundschaft akquirieren. Wie zeichnen sich Butterfahrten aus? Muntere Versprechungen an Sie als Teilnehmer, »Sie können sich mit den Teilnehmern aus verschiedenen Branchen austauschen«, sind wenig ermutigend, auf jeden Fall können sie die Gebühr nicht rechtfertigen. Aber was dann? Vielleicht die hochrangige Klientel! In den Teilnehmerumschreibungen tauchen regelmäßig Begriffe wie »Geschäftsführer« und »Vorstände« auf. Aber kein Vorstand ist je auf einer Butterfahrt.

Sinnvoll sind Workshops mit Inhouse-Teams, sinnvoll sind Expertenvorträge. Hier können so viele Menschen sitzen, wie Bild- und Tontechnik hergeben. Denn man muss unterscheiden zwischen Veranstaltungen mit Referenten – oder mit Trainern. Referenten können viele Menschen glücklich machen, wenn der Seminartag lang ist. Aber Fähigkeiten müssen geübt werden.

Wenn es um Training individueller Führungsleistung geht, um Vorbereitung konkreter Situationen, um alle konkreten Auftritte wie Verhandlungen, Medienauftritte, Pressekonferenzen, Roadshows und Vorträge, darf die Teilnehmerzahl ohnehin nur klein sein. Schließlich: In Seminaren ist die so wichtige Vertraulichkeit schwer möglich. Wer wirklich in kurzer Zeit viel verändern will, meidet Butterfahrten.

Manche Fahrt gewinnt an Anziehung allein durch den Zielort. Manche Butterflüge gehen an südliche Küsten, aber die Mallorca-Seminare und die Kreta-Auszeiten sind seltener geworden. Lesen Sie etwas wie »Zeit zur freien Verfügung«, seien Sie gewarnt; die Compliance schlägt zu, und ganz zu Recht. Lehnen Sie ab. Ich mache einmal im Jahr einen »Train-the-Trainer«-Workshop in Nizza, 1,5 Tage ohne Freizeit.

»Dead Head« und Trainerbank

Wenn Flugzeugführer in der Kabine hinten sitzen, zum nächsten Einsatz oder nach Hause fliegen, dann heißt das *dead head*, ohne Verantwortung, nicht im Dienst, mit totem Kopf. Genau das wird Ihrem Berater nie passieren, auch nicht dann, wenn er nicht im Coaching ist und nur zuschaut. Wenn das Ergebnis entsteht, herrscht höchste Anspannung.

Der Coach hat einen Dienstvertrag, er arbeitet einzelne Tage mit Ihnen, er kann nicht erfolgsabhängig bezahlt werden, aber am Ende ist der Auftritt auch sein Werk.

Auftrittscoaches bleiben im Hintergrund. Sie stehen in keiner Broschüre und auf keinem Abspann, ihnen gilt kein Dankeswort, sie stehen nicht mit Klienten zusammen auf der Bühne – jedenfalls nie dort, wo Fotos gemacht werden. Dass ein Coach den Auftritt begleitet, ist selten, denn es ist gefährlich. Bei TV-Sendungen hilft nicht einmal ein Deckname; die Kamera zeigt in jeder Talkshow gelegentlich auf die »Trainerbank« in der ersten Reihe.

Vorsicht bei Therapien

Wo hören Coachings auf und Trainings erst recht? Wo Therapie anfängt. Ist das Problem ernst, hat es nicht eigentlich Ursachen im Unternehmen, haben wir es mit individuellen, oft eingeschleppten Problemen, zu tun. In einem Coaches-Workshop wurde die Frage gestellt: Was sind *coachable issues*? Es stellte sich bald heraus, dass die Hälfte Themen waren, für die die Krankenkasse zuständig ist. Vielfach steht wirklich ein therapeutisches Anliegen dahinter: Der angehende Manager findet nicht zu sich selbst, er schläft schlecht, ist abends abgespannt, hat Kopfschmerzen, liegt im Streit mit Kollegen und Peers. Das sind unternehmenssoziale Themen: Er wird gemobbt. Coaching geht da oft ins Leere. Jemand müsste dann auf die Tafel mit den Unternehmenswerten zeigen oder, wenn es schlimm kommt, die Polizei rufen.

Zurück zum Krankenkassencoaching. Meistens geht es um Psychosen, oft um krankhaften Selbstbezug, der Teamarbeit unmöglich werden lässt, manchmal auch um neurotische Störungen, seelische Dysfunktionen, Angststörungen. Am Ende erweisen sich nicht wenige der *coachable issues* als gar nicht coachbar. Bei der Krankenkasse aufgeführte Phänomene haben Definitionen und Nummern, zum Beispiel der internationalen Klassifikation psychischer Störungen ICD-10 der WHO: »Persönlichkeits- und Verhaltensstörungen … meist lang anhaltende Zustandsbilder und Verhaltensmuster … Ausdruck des charakteristischen individuellen Lebensstils, des Verhältnisses zur eigenen Person – und zu anderen Menschen.« Weiter: »… tief verwurzelte, anhaltende Verhaltensmuster, die sich in starren Reaktionen auf unterschiedliche persönliche und soziale Lebenslagen zeigen.« Und: »Bei Personen mit Persönlichkeitsstörungen findet man … deutliche Abweichungen im Wahrnehmen, Denken, Fühlen und in Beziehung zu anderen … häufig gehen sie mit persönlichem Leiden und gestörter sozialer Funktions- und Leistungsfähigkeit einher.« Nehmen wir die F60.80, die narzisstische Persönlichkeitsstörung. Die ist richtig häufig – siehe letztes Kapitel.

Zu sich selbst finden, letztlich gesund sein oder werden: Das ist sicher wichtig und ein lohnendes Feld für die Ärzte der Seele. Es ist aber keine gute Idee, wenn sich ein Unternehmen diese Reparatur aufbürdet mitsamt der Kosten. Höchst zweifelhaft, wenn Führungskräfte sich das therapieren lassen. Allenfalls moralisch ist das Sache des Arbeitgebers nur dann, wenn das Unternehmen die Krankheit verursacht hat.

Führungswirkung für Frauen

Unsere westliche Redekultur ist männlich dominiert. In Deutschland speziell. Die Kommunistin und Jüdin Rosa Luxemburg war lange die einzige ganz große Rednerin im deutschsprachigen Raum – sie erlebt ihr Comeback in Sahra Wagenknecht, nicht nur phänotypisch, auch, was die rhetorische Professionalität angeht.

Wir leben inzwischen in einer Zeit, in der westliche Redekunst eher weiblich zu werden scheint. Meine Erfahrung zur Führungsrhetorik jedenfalls ist so. Ausnahmslos alle Männer, die ich berate – es sind mehr als Frauen, von denen es oben zu wenige gibt –, wollen genau das, was wir mit Weiblichem assoziieren: mehr Emotion, mehr Zugang, mehr Anschaulichkeit. Weibliche Redekunst scheint attraktiv, und das aus einem Grund, da sind wir pragmatisch: Sie verspricht mehr Wirkung – siehe Taktik »Von sachlich zu persönlich«. Allein deshalb wird sie gelobt. Die Betriebswirtschaftslehre ist utilitaristisch: Was sie gebrauchen kann, integriert sie.

Dass eine Entwicklung der westlichen Rhetorik in den vergangenen Jahrzehnten weg von einer »männlichen« hin zu einer eher »weiblichen« Redekunst geht, konnten wir an Barack Obama ablesen; er wird gern als ihr Prototyp ins Feld geführt. Sein Aufstieg ist der seiner Reden, in denen er immer wieder von sich selbst erzählt, von seiner Herkunft, von seinem Großvater.

Eins müssen wir aber auch wissen: Jeder Trend ist umkehrbar. Es gibt Gegenbewegungen; Donald Trump verkörperte so ziemlich alles, was für das Gegenteil steht. Er mischte alles auf, was uns gut und teuer ist, und das ist eher weiblich: Zugang, Respekt, Rücksicht nehmen, auf Gemeinschaft setzen, zuhören.

Frauen scheinen es im Punkt Führungswirkung schwerer zu haben. Eine Einsicht, die gelegentlich durch empirische Untersuchungen gestützt wird, wenn auch längst nicht durch alle. Häufiger werden Vorteile diskutiert. Deborah Tannen stellte 1988 Thesen auf, die der Annahme folgen, dass Frauen besser kommunizieren:

- Frauen fragen häufiger als Männer.
- Frauen zeigen häufiger Signale des Zuhörens.
- Frauen streuen weniger Kommentare in die Gegenrede ein.
- Frauen lassen eher ausreden.
- Frauen betonen wesentlich stärker Gemeinsamkeiten.

Frauen suchen offenbar in Kommunikationen nicht nur Lösungen, sondern ebenso sehr Teilnahme. Sie suchen Zugang und stellen eher Gemeinsamkeit her. Schlecht wäre das nicht; es wäre auf der rechten Executive-Seite der Führungsrhetorik. Wenn das durchgängig so ist, kommunizieren Frauen eher besser. Aber so einfach ist es nicht; wir dürfen nicht pauschalisieren. »Frauen kommunizieren besser« darf nicht zu einem ebenso ideologischen Quatsch werden wie »Männer fahren besser Auto«.

Reden wir weiblicher!

Immerhin sind die genannten Charakteristiken allesamt Ziele einer guten Kommunikation, für Frauen und Männer, für jeden von uns. Es wäre ein kleines Programm für wirkungsvolle Führungskommunikation, zu sagen: Reden wir weiblicher!

Es gibt offenbar auch Gender-Differenzen, was die Wirkung bei verschiedenen Zielgruppen angeht. An der Universität Halle gab es schon in den 1970er-Jahren umfangreiche Studien, die gravierende Differenzen belegten, riesige, fast 1000 Seiten schwere Dissertationen erbrachten etwa dies: Männer stehen eher auf deduktive Logik, und Frauen reagieren eher auf induktive Beweisführung, auf Psychologik. Wir dürfen es nicht verwechseln: Das sind Differenzen, was verschiedene Zielgruppen angeht, nicht die Redeweisen von Frauen und Männern.

Sicher, die *dark side* weiblicher Business-Rhetorik ist massiv: Erwiesen ist, dass die Lautheit von Frauenstimmen etwas geringer ist als die von Männerstimmen. Am Ende dürfen wir nicht vergessen, dass es sich bei Männer- und Frauenstimmen um signifikant verschieden große Kehlköpfe handelt – die signifikant verschiedene Töne produzieren. Ich war ein Jahr Logopäde und kenne die Psychologie; Stimmfunktionstraining kann hier viel tun. Aber selbst wenn man daran arbeiten würde: Stimmtherapie zum Beispiel – oder »Stimmtraining für weibliche Führungskräfte« – garantiert noch keine gute Verständigung. Und sie hat sicher nicht erste Relevanz für Führungswirkung mit Führungskräften.

Was Frauen die Durchsetzung erschwert, kann man ebenfalls einschlägigen Studien entnehmen. Wenn auch nur die Hälfte davon zutrifft, ist es verheerend. Frauen werden unterbrochen, sie dringen nicht durch, sie werden niedergeredet. Um das zu ändern, wollten viele ganz frauenspezifische Wege gehen; deshalb gibt es »Kommunikation für Frauen«.

Frauen und Männer, beide brauchen Wirkung. Frauen brauchen zur Verbesserung ihrer Kommunikation dieselben Methoden wie Männer. Vielleicht, aber nur vielleicht, dringender. Aber ob sich gleich alle gängigen Aussagen etwa über männliche Dominanz im Berufsleben auf Kommunikation in der Öffentlichkeit übertragen lassen, bezweifle ich. Das jedenfalls lässt noch keine Konsequenzen ableiten für spezielle partikulare Workshops von Frauen, in denen nur Frauen sind. Trotzdem wird genau das getan.

Ausgrenzende Trainings

Der Prototyp dieser Partikular-Events heißt »Führung für Frauen« – oder »Rhetorik für Frauen«. Trainings nur für Frauen sollen Frauen für Führungskommunikation fit machen. Wir kennen ein paar Unterschiede, wir erkennen Trends, aber was herauskommen soll, sind ja Imperative: Handle so oder so. Wir können uns fragen, auf welche Weise Frauen anders reden und antworten sollten? Sollten, darum geht es. Andere Interviewantworten, anders reden, anders auftreten.

Was geschieht, wenn man eine homogene Gruppe in einen abgeschlossenen Raum platziert? Wie benehmen sich die Menschen? So wie sich abgegrenzte Minderheiten benehmen: wie Minderheiten. Aus dem Bisherigen lässt sich alles Mögliche ableiten, nur keine Seminare für Frauen-Rhetorik. Das ist nicht zielführend. Wer sich mit den vermeintlichen Eigenheiten seines Daseins auseinandersetzen möchte, muss das ja gerade mit den anderen tun.

Wenn man schließlich unter einem Führungskommunikationstraining für Frauen versteht, dass Frauen ausschließlich von Frauen trainiert werden, dann bekommt der Begriff »Frauen-Rhetorik« einen esoterischen Beigeschmack: *Nur* Frauen werden von Nur-Frauen trainiert.

In Saudi-Arabien und im Iran hat man mit Geschlechtertrennung reiche Erfahrungen gemacht, wir sollten dort nachfragen.

Im Ernst. Das Ideologische erreicht gern das Gegenteil des Vernünftigen. Es ist weithin unklar, welche Folgen die geschlechtliche Abschirmung in solchen Trainings für die Praxis hat, auf die das Training ja zielt. Wenn es wirklich die angesprochenen Geschlechtsunterschiede auch in der Führungswirkung gibt, warum sollten dann gerade Trainings, die sich hermetisch unter Frauen abspielen, für den Redealltag vorbereiten, der ja von Frauen und Männern gleichermaßen bestritten wird? Es liegt der Verdacht nahe, dass es sich bei Angeboten für »Frauen und …« um eine Marktlücke handelt. Wer unbedingt *anders* sein will, grenzt ab. Das Gegenteil von Kommunikation. Anders sein ist aber kein positives Auswahlkriterium für Führungsqualität oder -qualifikation.

Vielleicht ist es eher umgekehrt. Vielleicht wäre es, wenn Sie – als Frau oder als Mann – etwas für Ihr Geschäft und Ihr Team erreichen wollen, eine probate Methode, sich so zu verhalten wie Personen, deren Wirkung Sie selbst gern hätten. Machen Sie es so, wie es wirkungsvoll Kommunizierende tun. Das ist eine Aussage, der jeder zustimmen könnte, von bestürzender Banalität und Evidenz. Treten Sie so auf, wie die es tun, deren Position Sie anstreben. Wenn signifikant mehr Südeuropäer an der Spitze sind, dann sollten Sie sich die Methoden der Südeuropäer ansehen. Wenn mehr Nordeuropäer an der Spitze sind, dann lohnt es sich, die Methoden der Nordeuropäer zu studieren. Und wenn Männer an der Spitze sind, dann braucht es Wissen über deren Vorgehen. Wenn *female leadership* als Fortbildung sinnvoll sein soll, dann ganz bewusst als Training derjenigen Taktiken, die die mehrheitlich männlichen Vorstände beherrschen. Einige DAX-30-Unternehmen tun genau das; wir haben so etwas entwickelt. Es braucht auch Führungskräfteentwickler, die sich gegen den Mainstream des ideologischen Anders-sein-Wollens wehren.

Also, wenn statt begründeter Methode vor allem Trennung angesagt ist, Frauen lernen getrennt von Männern in getrennten Räumen, Coach ist natürlich eine Frau, ist nicht viel gewonnen. Auch wenn man sich zunächst Gutes dabei denkt. Aber die Saudi-Arabien-Iran-Methode löst nicht das Problem, das ja gerade nicht in geschlechtergetrennten Räumen lebt. Es braucht genau den Kampf um das Wirkungsvollste. Es geht um Führungswirkung, und da sind beide Seiten gleich.

Im Executive Modus, auf der rechten Seite des Spiels, gibt es eben beides, weibliche und männliche Einsichten und Fähigkeiten.

In 30 Jahren Frauen-Rhetorik-Kursen hat sich ohnehin wenig getan. Diese Bewegung hat sicher viel erreicht, aber nicht das, was sie wollte. Über Frauen wird seither oft gesprochen wie über Minderheiten, über Schwule, über Rothaarige. Wäre ich eine Frau, würde ich mir diese Frauenbewegung verbitten. Also, Frauen-Führungs-Workshops mit Frauen-Trainerinnen sind so wenig sinnvoll wie solche von Männern für Männer oder von Veganern für Veganer.

8 Das Pars-pro-Toto-Prinzip

Im Einklang mit der Marke

Führungsrhetorik geht mit allerlei Papieren, Charts und Zeichen um, die die innere Einheit stützen wollen. Während Unternehmen zerfallen, die Produktion in Polen oder Asien Probleme macht und die PR in Übersee vorgibt, dass dies und jenes nicht öffentlich ausgesprochen sein darf. Nichts ist, wie es einmal war, und nach außen ist nichts als die Marke zu sehen. Nehmen wir an, Sie sind es, der das repräsentieren soll. Ihr Auftritt muss den Unterschied machen. Und das Entscheidende: Sie *sind* das Unternehmen. Wie Washington für die USA steht, und das Weiße Haus für die Regierung, stehen Sie für die Einheit. Das nenne ich das Pars-pro-Toto-Prinzip.

Wenn Anschluss und Vertrauen wichtig werden, in Krisen zumal, schlägt die Stunde der Köpfe. Die Chance der Ansprache ist enorm, besonders gesichtslose Großkonzerne haben keinen besseren Hebel als den auftretenden Menschen. Manche Äußerung und mancher Auftritt gehen sofort ans Mark der Marke. Medienkritik lässt Kundenzufriedenheit erodieren. Die Aufgabe, davon unabhängiger zu werden, leisten Menschen am besten. Ihre Auftritte schaffen mehr Wert als manche Anzeige. Oder sie vernichten Wert.

Sie als einer der Köpfe stärken die Marke, diese These lässt sich betriebswirtschaftlich belegen. Der Unternehmenswert besteht aus Fundamentalwert und Erwartungsprämie. Die Erwartung wird durch Kopf und Auftritt hergestellt, man kann es nicht anders sagen, sie besteht aus Rhetorik: Sie ist das Zünglein an der Waage. Die drei »strategischen Imperative« der Marke gelten ebenso für die Führungskommunikation:

1. Beide müssen den Angesprochenen etwas sagen (Relevanz),
2. beide müssen verfügbar sein (Präsenz) und
3. beide müssen eine Verbindung zur Gemeinschaft herstellen (Zugang).

Unternehmen lechzen nach Glaubwürdigkeit, nur weiß kein Mensch, was genau das ist. Nur so viel ist klar: Allenfalls Personen kann man Glaubwürdigkeit zugestehen, und sie wirkt wie eine Art Bonus. Tatsächlich ist das ein jahrtausendealter Begriff. Das *vir bonus*-Idealbild eines Redners der alten Rhetorik bestand darin, dass sich die Reputation einer Person auf seine Redewirkung überträgt. Die diesen Bonus mitbringen, nutzen ihrem Arbeitgeber. Unternehmen suchen Spitzenpersonal mit hoher Chance auf Reputation, in der Hoffnung, sie färben auf die Reputation und gegebenenfalls den Aktienkurs des Unternehmens ab.

Das Pars-pro-Toto-Prinzip bestimmt die Diskussion so ziemlich jeder Führungsleistung, etwa wenn es heißt: »CEO X gewinnt mit seiner Namensschöpfung gegen Vorstandschef Y.« Mitnichten hatten die beiden selbst die Markennamen kreiert. Aber der Entscheider *ist* das Unternehmen. Hier findet eine Personifizierung statt; sie erzeugt genau diesen Effekt – und muss ihn nutzen. Es geht um nichts weniger als Vertrauen und Verantwortung. Dazu sind Organisationen nicht fähig, dazu braucht es Menschen, die öffentlich satisfaktionsfähig sind.

Unternehmensmarken sind schwerer aufzubauen als Produktmarken. Ohne das Pars-pro-Toto-Prinzip wäre das deutlich schwerer als ohnehin schon. In diesem schwierigen Terrain sind Gesichter und Geschichten von Entscheidern ein wirkungsvoller Hebel, und ein preisgünstiger dazu.

In dieser Not der Personifizierung bekommen Studienergebnisse ihren Sinn, die sagen, die Reputation eines Unternehmens hänge zu fast 60 Prozent vom Image des CEO ab. Nach einer PricewaterhouseCoopers-Studie werden 56 Prozent des Gesamtwertes eines Unternehmens aus der Marke generiert. Die PR-Agentur Weber Shandwick nannte eine ihrer letzten Studien: »In Reputation we trust«. Die deutsche Gruppe der PR-Agentur Burson-Marsteller eruierte gemeinsam mit Emnid zu den DAX-30-Unternehmen: CEO und Unternehmen seien eine »Schicksalsgemeinschaft«. Glaubwürdiges Auftreten der Spitzenmanager (was ist das?) sei zu 87 Prozent für die Unternehmensreputation verantwortlich, Shareholder-Value nur zu 49 Prozent. Der Einfluss des CEO scheint höher als in den USA. Auch Ketchum Pleons »European Chief Communicators Officers Survey« sagt: Neun von zehn Befragten meinten, der CEO sei ausschlaggebend für den Ruf des Unternehmens. Kaum anders das Edelman Trust Barometer. Drei Dinge werden am häufigsten als Wünsche des internen oder externen Publikums genannt: Kommuniziert klar, bezieht Mitarbeiter ein, drückt sich nicht vor der Verantwortung.

Wie aber will man diesen Wert messen? Drückt er sich wirklich nicht – oder doch? Um das alles zu beurteilen, hat internes und externes Publikum nur die Oberfläche, oder mit dem Titel dieses Buches, Führungswirkung. Hopfen und Malz sind nicht verloren. Die ganze Beratungsanstrengung war nicht umsonst, denn die Bewertung der Kommunikation der CEOs ist gestiegen: von 2008 unter zehn Prozent bis 2014 auf 15 Prozent. Insgesamt tragen ihre Auftritte zur Positionierung bei. Diesen Effekt sollten Sie nutzen.

Risiken berücksichtigen

Das Pars-pro-Toto-Prinzip kennt auch eine Rückseite: *Totum pro Parte*, das Gegenteil, stimmt ebenso. Bekommt das Unternehmen ein Imageproblem, haben Sie umgehend auch eines.

Und es gibt einen zweiten Haken: Auftritte nach außen können ein persönliches Risiko für Sie sein. Sie müssen sich öffnen. Die Idee der Marke setzt Vertrautheit voraus. Aber Vertrautheit gelingt nur mit Kenntnis von Einzelheiten. Die Einzelheiten des Business sind langweilig, also braucht es Geschichten, die im Massenpublikum anschlussfähig sind: Was tut er in der Freizeit, wie führt er, welche Ziele hat er? Hat sie Feinde, hat sie Freunde? Und Schulden? Gesichter merken wir uns eher, als die Eckdaten des Business. Aber wie lassen sich Gesichter so formen, dass sie der Aussage des Hauses dienen und nicht nur Eitelkeiten befriedigen? Sie müssen herauskommen und gehen damit Risiken ein. Ich habe einige Klienten erlebt, die – aus redlichem Impetus ihrem Unternehmen dienen wollend – eine Schwelle überschritten. Mindestens eine von ihnen – es ist eine Frau – konnte am Ende ihre eigentliche Führungsarbeit nicht mehr tun.

Selbst zur Marke werden: Vorsicht!

Das dritte Fragezeichen steht hinter einer scheinbar grandiosen Idee: »Der CEO als Marke«. Es heißt, die Marke sucht Zugang zu Menschen. Aber ist sie selbst eine? Der Topmanager als Marke: So oder ähnlich heißt ja ein ganzer Strauß von Beratungsangeboten. Hier liegt ein Denkfehler. Dass einzelne prominentere Manager an ihrer Reputation arbeiten, ist eine schöne Idee. Nur sollte das nicht der Arbeitgeber zahlen. Bekanntheit, »Siegerprofil« entwickeln, prominent werden, solche Ziele gehen von Einzelpersonen aus, die nicht eine Organisation repräsentieren. Es mag »PR für Prominente« oder »PR für Politiker« geben, aber auch die meint eigentlich: für Parteien. Sie selbst als Marke, das ist unethisch, erstens für die Manager und zweitens für die Berater, weil eine ganze Branche wesentlich von den Etats der Wirtschaftsunternehmen lebt – und den Köpfen einredet, sie könnten sich selbst als Köpfe besser darstellen, wo sie ihren Arbeitgeber darstellen sollen. Ein gewaltiger ethischer Unterschied. Jegliche PR für Personen ist keine Angelegenheit seriöser Führungskommunikation, solange sie nur auf das Privatkonto einzahlt. Lassen Sie sich nicht darauf ein. Sorgen Sie dafür, dass Beratung für Sie persönlich nicht zum Compliance-Problem wird.

»Brand Yourself!« rief Andy Warhol. Das war wirklich disruptiv! Leider trifft es bis heute nur auf solche wie ihn zu, nicht auf Angestellte. Das Prinzip des Söldners ist es ja gerade, sich nicht von anderen Söldnern zu unterscheiden. Der Unternehmensmarke dient ein einzelner Angestellter. So etwas wie »Der CEO als Marke« ist ziemlicher Unsinn. Allenfalls wenn Ihnen Marke und Unternehmen gehören, können Sie sie nach Ihrem Ebenbild formen.

Für die Unternehmung birgt jede Personifizierung auf Gedeih und Verderb erhebliche Risiken. Das Verhalten der Person schlägt auf das Image durch. Also, mein Fazit: Angestellte sind besser keine Marken. Auch aus diesem Grund: Stehen die Personen zu sehr im Vordergrund, wird Wert vernichtet, spätestens wenn sie gehen oder stürzen. Allenfalls ein Manager einer Schokoladenfabrik könnte sozusagen für den Schokoriegel stehen: *Mars pro Toto*.

Gefolgschaft schaffen

Sie müssen reden, Sie müssen etwas klarstellen. Oder Sie wollen Mitarbeiter informieren, jemanden loben, jemandem zeigen, was die Stunde geschlagen hat – oder auch nur ein ernstes Wörtchen mit ihm reden. Der Dialog mit den Mitarbeitern gilt heute als Schlüsselqualifikation für Führungskräfte. Zuhören ist bitter nötig – aber auch schwer unter dem täglichen Zeitdruck. Manches Gesagte muss sogar als Gesprächsnotiz festgehalten werden. Und manche Wahrheit dürfen Sie um Gottes willen nicht sagen. Ist das tatsächlich Dialog? Oder eher was anderes?

Wer führt, muss sprechen, sowohl nach innen als auch nach außen. Sie sind damit den Gesetzen der Rhetorik ausgeliefert, erkennen Sie sie also an. Das sagt sich so leicht. Wir lesen ja gern Sätze wie: »Im Dialog mit den Stakeholdern« sei dies oder jenes gelungen.

Im Dialog mit den Stakeholdern gelingt vieles gar nicht. Der Dialog ist ein wohlmeinendes Klischee, das mit der Wirklichkeit wenig zu tun hat. Das wäre nicht weiter schlimm, zöge es nicht die Hoffnung nach sich, sich auf diese Form der »offenen Kommunikation« nicht vorbereiten zu müssen. Das muss man aber sehr wohl. Kommunikation ist Strategie, auch Taktiken kommen zum Einsatz – was alles nicht recht zur Dialogidee passen will.

Kommunikationswissenschaftler haben dieses Klischee längst als Nebelkerze enttarnt, aber es geistert noch immer durch die Welt. Es ist auch noch unehrlich: Ich spreche mit dir und tue so, als führte ich einen gleichberechtigten Dialog. Das tut Kommunikation innerhalb eines Unternehmens aber gerade nicht. Hier von Dialog zu sprechen, ist unethisch. Es veralbert die Gesprächspartner.

Fragen wir nur unsere eigene Alltagserfahrung: Wenn jemand mit uns »in einen Dialog eintreten« will, laufen wir weg. Das geht vielen so. Die Ursache könnte das unehrliche Dialoggetue sein, das seit Jahrzehnten aus Behörden und Unternehmen herausschallt. Wer managt oder führt, kann ab einem gewissen Punkt eben nicht mit allen im Dialog zusammen entwickeln, wie die Dinge zu sehen sind und was zu tun ist. Manchmal muss man Dinge auch gegeneinander tun, wenn die Interessen verschieden sind. Das Unternehmen stellt durch seinen Aufsichtsrat Manager ein, die eine bestimmte Weltsicht und Marktsicht etc. mitbringen und damit die Position des Unternehmens sukzessive bestimmen. Sie können das gar nicht an jeder Ecke mit Ihren Mitarbeitern besprechen. Wo Sie es trotzdem tun, müssen Sie Anstrengungen unternehmen, für kurze Zeit zusammen zu kommen. Dafür müssen Sie allerdings zuhören, auf alle eingehen, die für die Unternehmung relevant sind – weil jede gute Rhetorik mit dem Zuhören beginnt. Emilio Galli Zugaro hat das in seinem Buch zur Zentralthese erhoben: Er proklamiert den »Listening Leader«.

Aber was genau ist ein Dialog? Schlagen wir nach bei den Überresten der Frankfurter Schule: »Dialog ist eine Verständigungshandlung, etwas gemeinsam zu einer Sache zu machen oder über gemeinsame Sachen zu reden.« Das setzt »Verständlichkeit, Wahrheit, Wahrhaftigkeit« voraus. Ein Wort wuchtiger als das andere. Das liest sich wie eine Sonntagsrede. Es setzt zudem die Abwesenheit strategischer Interessen voraus. Reinhard Sprenger schreibt, unter den Bedingungen realen Managements sei die Notlüge der Normalfall. Und Führen ist, man muss es jetzt gegen Ende des Buch mal sagen: jemand folgt Ihnen.

Bleiben wir bei der Mitarbeiterkommunikation: Wer wie ich Reden und Antworten vorbereitet, oder wer in einem Town Hall Meeting zu Mitarbeitern spricht, der weiß: Dialog ist da schwer zu machen. Was man schaffen kann, ist Gefolgschaft.

Ein deutsches Wort, extrem unbeliebt und doch so treffend. Jemand folgt dem, was ich sage. Nichts anderes geschieht in der Mitarbeiterkommunikation.

Gefolgschaft besteht zuerst aus Verstehen und dann aus Überzeugen und am Ende aus Zustimmung. Zustimmung ist die Zentralkategorie der Rhetorik seit 2500 Jahren. Gefolgschaft ist die Voraussetzung von Führung, denn managen oder führen heißt, nach innen Zusammenarbeit zu organisieren und nach außen Freunde zu schaffen. Das geht nicht ohne Gefolgschaft. Allerdings muss die kritisch sein – deshalb »überzeugen« und nicht »überreden«.

Also, versprechen Sie nichts, das Sie nicht halten können. Aber versuchen Sie das Mögliche. Schaffen Sie unter Ihren Mitarbeitern Gefolgschaft für das, was Sie mit Ihrer Einheit vorhaben, mit Ihrer Strategie, mit den Kunden.

9 Was uns aus dem Executive Modus herauswirft

1. Inhalt und Form trennen

Überzeugende Führung und Statements nach außen, das entsteht durch ein Gesamtbild. Es entsteht, wenn wir Führungsaufgaben integriert vorbereiten. Organisationen entwickeln aber oft die Vorbereitung der Kommunikation ihrer Spitzenkräfte wie Kraut und Rüben: Briefings, Texte, Charts und zweimal im Jahr ein Medientraining. Dahinter steht die alte Idee, man könne einerseits einen »Inhalt« erarbeiten und andererseits eine Form – wenn noch etwas Zeit sein sollte. Dabei sagt kein purer »Inhalt« etwas über die erst entscheidenden Fragen: Erreicht der überhaupt Wirkung? Wie kommt der rein, wie oder wo sitzen die oder stehen die – wo? Wie fliegen die ersten Worte? Was ist der Eindruck?

Teile und herrsche. Es mag ja sein, dass Sie eine Trennung von Inhalt und Form wünschen. Mancher, der Inhalt und Form trennt, kann vermeintlich seine Berater kleinhalten. Der eine entwirft eine Positionierung, der zweite schreibt einen Text, eine anderer Schaubilder, ein weiterer gibt ein paar Tipps zum Auftritt. Wenn der Inhalt fertig ist, geht es nur noch um die Form. Sie lässt sich offenbar leicht abspalten. Das kommt dem deutschen Denken entgegen. Das Prinzip dahinter: Trennung von Form und Inhalt. Wer an Führungswirkung arbeitet, sollte aber niemals trennen: hier Inhalt (Rede, Charts) – dort Form (»Medientraining«).

Ein Beispiel: Wir kennen einen Begriff für das Abgespaltene, der sich schnell anbietet: Körpersprache. Sie haben den Satz schon irgendwo gelesen: »Der Körper lügt nicht.« Überlegen Sie einen Moment. Dieser Satz ist hanebüchen. Wer am Ausdruck von Menschen arbeitet, weiß: Nichts ist leichter zu manipulieren als die Geste! Der Körperausdruck ist ein bewegliches Geschütz. Wenn Sie so wollen, kann er gewaltig lügen. Es bleibt deshalb rätselhaft, warum immer wieder gerade der Körperausdruck als besonders glaubwürdig gepriesen wird. Und schließlich: Ausgerechnet die Sprache, mit der wir meistens lügen, wenn wir lügen, soll Vorbild sein für das, was der Körper macht. Schon verständlicher wird es, wenn der Körper eine eigene Sprache bekommt: Dann gibt es richtig und falsch, und das kann man allemal gut verkaufen. Aber jede Sprache bräuchte eine Semantik, und eine Grammatik; das gibt unser Körper nicht her. »Körpersprache« gibt es nicht. Es gibt nur:

- Körperausdruck: Gestik, Mimik und Haltung drücken Gewolltes aus.
- Körpereindruck: Der Körper wird als passend empfunden – oder nicht.
- Physiologische Bewegungen: Die vollziehen wir meistens, vornehmlich dann, wenn wir uns sicher in der Rolle fühlen. Ein simples Beispiel: Eher mehr Gestik ist hilfreich für freies Formulieren. Zudem, Sitzen oder Stehen in physiologischer Spannung unterstützt die Formulierungsfähigkeit: Wer aufrecht agiert, kann tendenziell kurzsätziger formulieren.

Wir könnten fast meinen, die Trennung der Form vom Inhalt sei eine Beratererfindung, um sich mit Zielen, Strategien,

Mindsets und Taktiken nicht befassen zu müssen. Ihre Frage muss sein: Wie schaffen Sie genau die Wirkung, die am Anfang dieses Buches beschrieben ist? Dieser Executive Modus jedenfalls setzt nicht auf Trennung. Im Gegenteil. Inhalt und Form gehören zusammen. Ihre Frage muss sein: Wie bringe ich Inhalt und Form stimmig zusammen?

2. Infantilisieren

Gehen Sie in eine Betriebsversammlung, hören Sie sich an, wie Manager die Welt erklären. Sie fühlen sich an Ihre Kindheit erinnert, irgendwie so, als säßen Sie auf einer Schulbank: Sie erkennen es an Sätzen wie diesen: »Viele von Ihnen können das nicht wissen.«, »Jetzt wollen wir alle gemeinsam.«, »Lassen Sie uns nachher gemeinsam« ... Es sind Reden und Antworten, die Mitarbeiter und Management auf das Peinlichste infantilisieren: »Sie können das nicht so genau wissen.«, »Das werden Sie erst durch die nächsten Informationen erfahren«.

Oft kommt es einem noch schlimmer vor als in der Kirche, das wirkt nicht selten pastoral, und wir warten nur auf die Frage »Was würde unser Herr Jesus dazu sagen?«. Manchmal finden wir das Infantilisierende auch in Presse- und Videointerviews. Die Antwortenden bekehren den Frager von oben herab: »Das können Sie nicht wissen.« Das nennt man Nimbus-Taktik, Selbsterhöhung, um andere kleinzuhalten. Neben diesem ethischen Aspekt: Das behindert Ihre Führungswirkung, denn das Belehrende spielt sich auf der linken Seite ab; Experten bekehren einander. Wenn der eine auf der Bühne keine Flughöhe erreicht, sollen es die anderen im Zuschauerraum erst gar nicht.

Ein gutes Unternehmen sollte jede Infantilisierung unterbinden, weil es unethisch ist, Mitarbeiter oder gar Presse so anzusprechen. Und weil alles passieren könnte, nur nicht besseres

Arbeiten bei denen, die im Publikum sitzen. Infantilisierung, um auch mal im pastoralen Bild zu sprechen, ist eine Todsünde im Umgang mit Mitarbeitern.

3. Positives Feedback

Alle Managementberater sagen es, und es ist sicher richtig. Viele Urteile und Diagnosen führen geradewegs in Erklärungen und Rechtfertigungen: »Es war so kalt an dem Tag« – »... kam gerade aus dem Urlaub«. Sie können das Lernen abblocken.

Aus Graus vor Urteilen wurde ein regelrechter Kult des Feedbacks. Jeder soll jedem Feedback geben. Damit werden Menschen drangsaliert, die so gar nicht das Bedürfnis verspüren, anderen auch nur irgendeine Rückmeldung zu geben. Bei allen Mitarbeiterbefragungen, bei denen Antworten aus der geschützten Deckung kommen, kann man sehen, was herauskommt. Problematisch sind auch alle Aufforderungen, »jetzt mal ganz offen« dem Management die Meinung zu sagen.

Dauerfeedback kann zur Plage werden. Aber anstatt es zu dosieren, wurden die Regeln verändert. Eine hübsche Idee hat hier viel Schaden angerichtet. Denn mit dem Feedback war es nicht genug, es musste auch positiv sein, vor allem zu Anfang. Es soll den anderen schonen, niemand soll erschreckt werden. Merkwürdigerweise hat sich das als Standard durchgesetzt, als dogmatische Regel: »Immer erst etwas Positives sagen!«

Feedbacks helfen nicht weiter, weil sie durch persönliche Beziehung korrumpiert sind. Finden wir jemanden sympathisch wird jedes Feedback entsprechend positiver ausfallen – unabhängig von der tatsächlich erbrachten Leistung.

Durch Aussagen anderen Menschen zu nahe zu treten, das ist auch etwas, das wir nicht wollen. Kein Arbeitgeber sollte das eigentlich wollen. Vielleicht wird deshalb vorgeschlagen, dasselbe anders zu sagen. Das kann professionell sein. Es kann aber auch das Gegenteil sein.

Meistens haben wir ein Urteil auf den Lippen: war gut, könnte besser sein – oder: tut nichts zur Sache. Klappt nicht, bringt nichts. Vor allem unschöne Urteile scheinen in den meisten Unternehmen unerwünscht zu sein. Es soll positiv werden. »Klasse Idee!« »Ein sehr guter Punkt, den du da ansprichst!«

Was tun Sie, wenn der Eindruck Ihres Auftritts nicht positiv ist? Sie vermuten dann zu Recht: Das Feedback trifft es nicht. Wenn Sie etwas über sich erfahren, von dem Sie annehmen müssen, es sei ins Positive gebogen, werden Sie nichts daraus lernen. Sie können jeden Tag sehen, wohin es führt, wenn auf negative klare Worte verzichtet wird. In hartnäckigen Fällen hilft das Positive nicht weiter.

Warum wird positives Feedback derart gehypt? Es soll motivieren. Das mag oft der Fall sein, aber wie immer stimmt auch das Gegenteil. Manches noch so gute Feedback aus der Organisation kann Motivation zersetzen: »Unser Doktor Müller kann doch reden«, heißt es in der Organisation. Wenn der das dreimal gehört hat, hört der auf zu lernen. Lassen jedenfalls Sie sich nicht von Ihrer Umgebung abhalten, etwas zu lernen! Es gibt kaum etwas, das Lernen so sehr blockiert wie positives Feedback. Es ist mit Händen zu greifen, was die Ideologie des positiven Feedbacks in realer Führung bewirkt: Unklarheit, fehlende Richtung und jede Menge falsche Hoffnungen.

Viele Klienten sagen mir, sie hätten schon zu viel Zeit verloren mit Andeutungen und unschuldig geäußerten positiven Eindrücken. Das Affirmative ihrer Umgebung nervt sie. Sie wünschen sich Finger, die sich auf Wunden legen, nicht den Verband. Es fehlt an negativem Feedback.

Ein Erfolg will gefeiert werden. Er will beim Namen genannt

werden. Das ist gut so, aber oft wird ein Erfolg herbeigefeedbackt, den es nicht gibt. Wenn der Erfolg genannt werden soll, soll es der Misserfolg aber auch, er will manchmal geradezu ein Misserfolg genannt werden, weil es ihm danach besser geht. Wer das tut, kann es mit Respekt tun. Es muss nur getan sein. Nicht selten bringt ein auf den ersten Blick »vernichtendes« Urteil das große Ganze am Ende weiter. Auch dann, wenn es Ihnen und allen im Raum authentisch leidtut. Wenn Sie jemanden mögen, dann tun Sie das Gegenteil des Reflexes: Geben Sie negatives Feedback. Er wird es Ihnen danken.

Niemand klatscht, einige schlafen, nach dem vorherigen Vortrag sind viele gegangen. Für einen Moment denken Sie, Sie werden Opfer eines Boykotts! Aber das ist es nicht, beruhigen Sie sich. Aber auch das Umgekehrte ist selten zu gebrauchen. Wenn man Ihnen nach dem Auftritt sagt: »Gute Präsentation, ganz gute Charts«. Ein Mitarbeiter, der dem Chef Feedback darüber geben soll, wie dessen Vortrag war, das ist ein Unding. Solche Feedbacks führen zu nichts. Sie brauchen ein Bild, von dem aus Sie sich weiter professionalisieren können.

Warum machen Sie welchen Eindruck? Sie brauchen objektive Daten, einen Status. Das sollte kein subjektives oder gar beziehungsneurotisch gefärbtes Statement sein, also überhaupt kein Feedback, nur-positives schon gar nicht. Das kann nur eine Analyse nach professionellen Kriterien sein. Erst danach können Sie wissen, woran Sie arbeiten müssen. Warum machen Sie Eindruck? Weil Sie etwas erreichen wollen! Wenn Sie etwas erreichen wollen, brauchen Sie Steuerung. Dazu wiederum sollten Sie wissen, wie Sie wirken. Lassen Sie Ihre Wirkung analysieren!

Erst Diagnose und danach Anamnese. In der Medizin ist das ein uraltes Prinzip. Erst Status und danach die Krankengeschichte mit ihren Ursachen. Eine Analyse darüber, wie einzelne Auftritte wirklich wirkten. Das kann am besten jemand,

- der außen steht und
- der Methoden hat, die er immer wiederkehrend an verschiedenen Menschen und an verschiedenen Auftritten praktiziert.

Zurück zu den Diagnosen, Urteilen und Etiketten. Oft braucht es gerade das klare Urteil. Vor allem dann, wenn eine Richtung geändert werden muss, wenn die Fehlerquote steigt, oder wenn Verhalten in die falsche Richtung geht. Jedes noch so harte Urteil ist dann wirksamer und ethischer als positives Feedback.

4. Schlagfertig sein wollen

Ein Wissenschaftler hat ein Buch geschrieben, irgendwas mit Hirnforschung, er taucht in Talkshows auf, er ist originell, das macht ihn bekannt. Er schreibt das zweite Buch, über Glück, alsbald ein drittes über Gott, die Flughöhe steigt. Aber das Beste ist er selbst, er hat auf alles eine kluge Replik, wie aus der Pistole geschossen; jeder Talk ein Genuss. Er ist schlagfertig. Oder wir stellen uns ein kleines Event vor. Jemand gewinnt dort in einem kleinen Streitgespräch, wunderbar. Wenn das Schlagfertigkeit ist, ganz großartig! Unsere Frage hier ist: Gehört Schlagfertigkeit in den Executive-Kanon, in das Curriculum der Führungskommunikation?

Auf einer Konferenz zur Digitalisierung im Juni 2010 macht jemand aus dem Publikum einen Keynote Speaker auf die Arbeitsbedingungen bei einem chinesischen Hardware-Zulieferer und die dortige Selbstmordserie aufmerksam. Der angesprochene CEO sagte, die betreffende Fabrik sei kein Sweatshop. Es gebe Kinos, Schwimmbäder, Restaurants, Krankenhäuser. Und 13 Selbstmorde im Jahre 2010 bei 400 000 Mitarbeitern, das sei immerhin eine niedrigere Selbstmordrate als in den USA. Wie ein Schlag, und fatal.

Ein Executive will witzig sein. Das ist der erste Grund für Schlagfertigkeit. Falsch! Steve Jobs war das an dem Tag in dem Beispiel, aber dieses eine Mal hatte er nicht im Executive Modus geantwortet. Der Gag heiligt eben nicht die Mittel.

Ein weiterer Grund für die Sehnsucht nach Schlagfertigkeit ist oft pure Neurose. Jemand will etwas zurückgeben, sie oder er lässt sich nichts gefallen. Man bleibt Sieger. Schlagfertigkeit ist dann ein Derivat des unsäglichen Recht-behalten-Wollens – das auf die linke Seite der Führungsrhetorik gehört. Schlagfertigkeit ist ein Privatproblem, für das Unternehmen besser nicht zuständig sind. Damit wäre das abgehakt, aber ein erklecklicher Markt tut sich auf, seit Unternehmen Bemühungen um Kampf- und Neurosenrhetorik kraftvoll honorieren. Ich melde Zweifel an.

Erstens: Originelle Schläge stehen nicht im Dienstvertrag. Zweitens: Neurosen werden kurzzeitig gepflegt: Jemand, dem über den Mund gefahren wurde, verschafft sich Luft. Wenn Führung Zusammenarbeit organisiert, sollte sie das nicht unterstützen. Der dritte Grund ist sanktionierte Aggressivität. Verletzende Sprüche, kleine Schläge, das ist nicht gute Führung.

Hinter dem Wunsch nach Schlagfertigkeit steht manchmal die Durchsetzungsambition gegenüber *Mitarbeitern*. Hier wird es interessant. Gegenüber Mitarbeitern oder anderen Führungskräften mit einem scharfen Spruch zu kommen, macht sie klein. Nicht nur, dass Sie die größeren Schulterklappen haben, der verbale Schlag erhöht die Distanz zusätzlich. Auch gegen Gleichrangige, *peers*, wird Schlagfertigkeit oft als Ziel genannt. Ein interner Wettbewerb der Schläger und Zurückschläger. Schlagfertigkeit gegenüber *Board und Aufsichtsgremien*: Das wäre mal was. Aber niemand will das in der mündlichen Prüfung.

Dieses Buch richtet sich gegen das Graumäusige, und Schlagfertigkeit kann unterhaltsam sein. Alles Nebeneffekte; es gibt dazu andere Möglichkeiten als jemanden zu schlagen. Das Risiko ist zu groß, dass Sie danebenliegen. Lassen Sie es.

Schlagfertigkeit unterstützt nicht Ihre Führungswirkung. Erinnern wir uns an die Definition vom Anfang. Gute Führung wird nach innen Zusammenarbeit und nach außen Freunde schaffen. Schlagfertigkeit gehört nicht in den Kanon der Führungswirkung der rechten Seite. Der Executive Modus kommt gut ohne sie aus.

5. Selbsterklärende Charts

Gehen Sie einmal im Leben nach St. Petersburg. Noch ein vergoldeter Saal, ein weiteres Deckengemälde, ein Bernsteinzimmer, ein achatfarbenes Zimmer, rubinrote Gemächer, Räume dieses und jenes Zaren, ein einziger Festschmaus für das Auge. Jetzt kommt Olga ins Spiel, eine kundige Führerin mit geballtem Wissen. Folgen Sie ihr. Drei Tage mit ihrem Text und den grandiosen Bildern könnten wunderbar sein. Leider unverständlich, es war *machine gunning* aus ihrem Mund, und der weltweit einzigartige Prunk; starker Text – und starkes Bild. Detaillierteste Details aller Zaren, und zugleich vergoldete Säulen. Ich versuchte mich wenige Tage später in einer ruhigen Stunde zu erinnern, welcher Zar vor oder nach welchem kam, welche Zarin vor welcher. Es gelang nicht, obwohl jeder mit einem Mitschnitt beweisen könnte, dass Olga zigmal alles erklärt hatte. Die Bilder waren zu stark. Und der Text war es auch.

Exakt das ist das Problem jeder Chart-Präsentation: Text und Bild kämpfen gegeneinander. Viel hilft nicht viel, zu viel geballte Information erschwert das Verstehen. Dieser Text-Bild-Kampf wirft Sie aus dem Executive Modus.

Der TV-Journalist Martin Ordolff und ich haben in einer

Studie an Fernsehbeiträgen zeigen können, wodurch sich verständliche und unverständliche Text-Bild-Produkte unterscheiden. Die schlechten haben wiederkehrende Probleme. Von einem war schon die Rede, es ist der St. Petersburg Clash. Weitere:

- Text zu stark und Bild zu stark, im selben Moment. Eine einfache Grafik zeigt das: Unten sehen wir die Zeitachse. Die durchgezogene Linie zeigt das Bild, die Punkte zeigen den Text (Bild 9.1)
- Beide zeigen Verschiedenes; die Text-Bild-Schere.
- Text und Bild sind nicht verzahnt, aber das müsste. Es ist das Entscheidende.

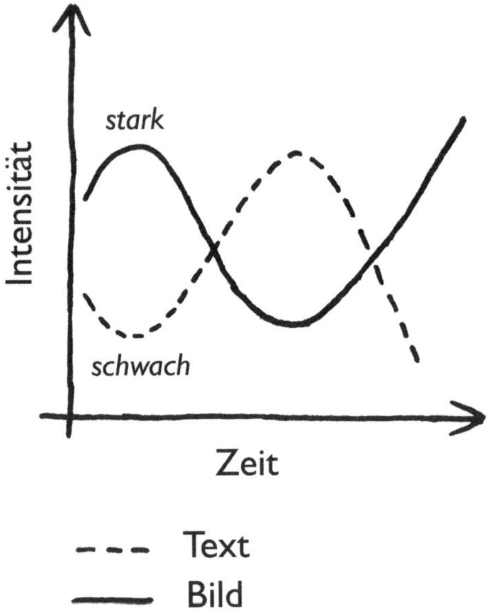

Bild 9.1 Entweder Bild oder Text stark © Ordolff/Wachtel 2014

Unser Buch »Texten für TV« ist Standard im Fernsehjournalismus, aber in Ihrem Alltag wird so weitergewurschtelt, als gäbe es diese trivialen Erkenntnisse nicht. Im Fernsehen die Todsünde, im Business die Norm.

Bleibt das zweite Problem: die Text-Bild-Schere. Text und Bild sagen Verschiedenes. Auf dem Bild die beliebten Details, vielleicht ein Bildchen vom Fabrikgelände, mit langer Überschrift, und die Sprecherin versucht einen Zusammenhang zu erklären. Sie erreicht keine Flughöhe. Was sie sagt, wird durch das Bild wieder heruntergezogen.

Das dritte Problem: Text und Bild sind an keiner Stelle zusammengeführt. Und das ist oft ganz beabsichtigt. Die ganz Schlauen sagen: Ich erzähl doch nicht, was auf dem Chart steht! Falsch! Sie sollten dazu sprechen, was auf dem Chart ist. Verzahnung von Text und Bild ist existenziell. Ich rate dazu, wie beim Punktschweißen vorzugehen. Im selben Moment Text und Bildbotschaft setzen, nicht immer aber an fast regelmäßigen Punkten.

Eine Möglichkeit: Für viele, nicht für alle Statements mit Charts sollten emotionale, verbale und nicht substantivische Sätze auf einem Chart auftauchen, die zur Rede passen. Solche Sprache kann im Hintergrund mitlaufen. Es sollte dieselbe sein wie in der Rede, also statt: »Weitere Implementierung der Erfolgsstrategie« eher: »Wir können mehr«. Das wäre auch etwas für das Problem Nummer eins: Text zu stark und gleichzeitig Bild zu stark. Ein einfacher eher mündlicher Spruch auf der Tafel ist nicht zu stark für gleichzeitig starken Text. Und manchmal sollte die Tafel leer sein. Der Umgang mit Charts ist ein gutes Beispiel für ein eigentümliches Phänomen. Alle sind aus dem Häuschen über Steve-Jobs-Präsentationen und keiner setzt seine Taktik um: Worte stark – Chart leer.

Ein weiteres Problem sind Überschriften auf Slides, die *action titles*, die aber in Rede-flankierenden Tafeln fast nichts verloren haben. *Action titles* sind Thesen in informierenden Chartfolgen zum Lesen.

Das führt auf das Grundsatzproblem. Ist die PowerPoint-Datei ein Handout zur Dokumentation oder zum Nachlesen, vielleicht auch zum Vorher-Lesen, *pre-read* für den Vorstand? Oder enthält die Datei Redevisualisierung? Zwei Welten. In dem einen Fall muss es Überschriften geben, im anderen nicht (siehe Taktik »Von Papier zu Aktion«).

Zurück zu zerstörter Führungswirkung: Der Strategietyp versucht, das *big picture* zu »erklären«, während hinter ihm das Faktenchart wütet. Warum ist das so? Einer der Gründe: Sie ziehen die Rede von den Charts her auf. »Die Rede von Frau X ist fertig«. Gemeint ist meist, dass man ihr 27 Charts hingelegt hat. Sie soll sich überlegen, was sie dazu sagt. Das verleitet dazu, immer mehr zu akkumulieren. PowerPoint wurde vermutlich deshalb das Inhaltsmedium schlechthin. Ein gottgleicher Aggregatzustand scheint die höchste Stufe zu sein, das Nirwana der Tafelkreationskunst: »selbsterklärend«.

Charts sind geduldig. Das Chart gehört zum Leben, man stopft alles hinein. Das PowerPoint-Chart ist die Fläche – die Metapher, das Gegenteil der persönlichen Performance. Die Begriffe verraten es: »auf einem Chart dargestellt«, »auf meinem nächsten Slide«. Das färbt auf die Performance ab. Oft liegen ja hier die Gründe für schlechte Rede-Performance. Solche Auftritte misslingen allzu oft. Alle Kommunikationsleute kennen die immer gleichen Gründe, die eher selten individuelle sind: »redet zu viel«, »Gestik unruhig«. Schuld sind regelmäßig überfüllte Chart-Folgen – selbsterklärende Slides.

Das »selbsterklärende« Chart-Handout ist der Tod der Rede. Etliche der zwölf Taktiken werden damit unmöglich. Selbsterklärende Charts ziehen voll auf die linke Seite: vollständig, komprimiert, komplex, kastenartig und pyramidal, oft noch mit schriftsprachlichen Sätzen.

Es muss umgekehrt sein. Sie brauchen erst die Botschaft – und dann ihre Visualisierung – mit Bild, das nicht Ihre Worte stört. Mit Bildchen zu erläutern lässt Sie keine Flughöhe erreichen; Bildchen und Kästen behindern Führungswirkung. Gesicht gewinnen Sie nicht dadurch, dass Sie Produkte aus einem Grafikprogramm zeigen. Vielleicht können Sie selbst zeichnen, etwa auf einem Visionator oder irgendeiner Papiertafel. Oder Sie zeigen nichts, oder Sie zeigen nur ein Bild, oder Sie zünden eine Kerze an, *whatever*.

Von Charts in Motivations- und Überzeugungsreden raten wir ab, allenfalls einige emotionale, verbale und nicht substantivisch-generische Grafiken können im Hintergrund mitlaufen: statt »Weitere Implementierung der Erfolgsstrategie« eher »Wir müssen weitermachen« oder »Nicht stehen bleiben«. Nur dann sind Charts sinnvoll: Wenn sie sich der Inszenierung unterordnen. »Gesicht« gewinnt der Redner etwa dadurch, dass er selbst zeichnet, zum Beispiel auf einem Visionator.

6. Zu viel versprechen

Da konnte sie nun kein Wort mehr dagegen sagen, weil sie's öffentlich versprochen hatte, und der König ließ einen Wagen kommen, darin musste sie mit dem Schneiderlein zur Kirche fahren und sollte sie da vermählt werden.

VOM KLUGEN SCHNEIDERLEIN, GRIMMS MÄRCHEN

Das Herz auf der Zunge zu führen, das ist der Prototyp des authentischen Reflexes: Sagen, wie es im Moment stimmt, wie in dem Märchen vom klugen Schneiderlein. Wollen Sie eine gute Balance aus Authentischem und Wirkung, sollten Sie es eher ganz weit unter der Zunge verstecken. Gut Verhülltes ist oft wirkungsvoller. Der Grund ist einfach. Öffentlichkeiten sind unerbittlich. Einmal Gesagtes ist, seit es das Web gibt, für immer präsent. Das erklärt die merkwürdig nebligen Formulierungen auf Veranstaltungen und in Papieren, die börsenkursrelevant sind. Das Allerletzte, an das Spitzenmanager erinnert werden wollen – anders als Politiker, die stecken das täglich weg –, sind die Prognosen von gestern. Der Disclaimer, die Distanzierung von der eben noch gemachten Aussage in Börsenprospekten und E-Mails, ist die Metapher dafür. Das Nicht-gesagt-haben-Wollen ist der Normalmodus: Die Organisation distanziert sich professionell von ihren eigenen Einlassungen. Die Personen in den Organisationen distanzieren sich, weil sie ja nur im Namen der Organisationen sprechen können. Disclaimer, wohin man sieht. So etwas zerstört Klarheit und Einfachheit.

Was eine Organisation tun muss, sollte eine Person besser lassen. Nichts gesagt haben wollen, kann Führungswirkung zerstören. Trotzdem stehen Sie ja oft für das Ganze. Und Sie dürfen oft nichts sagen oder gar versprechen. Schweigen können, manchmal müssen, steht im Arbeitsvertrag. Diesen Druck auszuhalten, gehört zum Executive Modus.

Deshalb: Eher mit Vorsicht versprechen. Nicht zu viel reden, zu viel versprechen, zu früh kommunizieren!

Es ist nicht möglich, nicht zu erscheinen, Wer eine neue Position antritt, sollte sich nicht vom ersten Tag an erklären müssen. Vorstandsvorsitzende handeln heute so, ob 100 Tage, kürzer oder länger. 100 Tage sind eine gute Frist. Halten Sie das als Marke im Auge!

Offenheit gibt es im Executive Modus nicht. Wenn Sie etwas zu sagen bekommen, schweigen Sie. Nicht nur die 100 Tage. Bleiben Sie in Deckung, vor allem gegenüber dem Kapitalmarkt.

Machen Sie aber immer wieder gegenüber Mitarbeitern klar, in welcher Rolle Sie und die anderen sich befinden. Sie haben nichts erreicht, wenn vieles im Dunkeln bleibt und jeder glaubt, alles sagen zu können. Am Ende müssen Sie es so sagen, dass sich Ihre Firma nicht von Ihnen distanziert, wenn Sie Aussagen treffen, die Probleme machen. Und versprechen Sie nicht zu viel. Es ist die wichtigste Regel überhaupt. Am Ende stehen Aussagen, zu denen Sie stehen können. Sie folgen dann nicht dem authentischen Reflex, alles gleich herauszusagen. Der Rest ist Disziplin. Das kluge Schneiderlein aus dem Zitat hatte etwas davon, dass es die Regel gibt. Auch der Frosch. Denn der Prinzessin hatte er etwas versprochen. Versprechen Sie nicht zu viel.

7. Ohne Plan auftreten

In dem Film *Le charme discret de la bourgeoisie* von Luis Buñuel gibt es eine wunderbare Szene: Da geht plötzlich ein Vorhang auf und die Akteure sehen sich den Erwartungen des Publikums ausgesetzt. Doch ihnen fehlt das Drehbuch, sie sind nicht vorbereitet. Bei der Vorbereitung von Auftritten gilt eine Regel: Sie sollten sich nicht darauf verlassen, dass Ihnen irgendetwas, das Sie professionell nach innen oder außen sagen, einfach so einkommt. Also, seien Sie gewappnet für den Moment, in dem der Vorhang aufgeht. Machen Sie einen Plan, gehen Sie auf die rechte Seite – und verlassen Sie sich nicht darauf, dass es Ihnen schon einfällt.

Sie wollen ein weniger künstlerisches Beispiel? 19.34 Uhr. Die Moderatorin fragt einen Vorstandsvorsitzenden, der mit seinem Unternehmen einige Tage später an die Börse geht: »Wann geht Ihnen das Geld aus?« Der Vorstandsvorsitzende ist erschrocken – er hatte eine Steilvorlage für seine »Story« erwartet. Er beginnt zu stocken, er verheddert sich und findet nicht, worauf er nun hinauswill. »Aber von Ihrer Konsortialbank waren selbst schon skeptische Töne zu hören.« Davon wusste er nichts – und er sagt das auch noch.

Ein Plan fehlt auch dort, wo es einen Text gibt, aber wenn der vorgelesen ist, fängt die Not der Antwort an. Ein Aufsichtsrat einer Großbank, der, wie eine Zeitung schrieb, »in den vergangenen Monaten gegenüber Investorenvertretern und bei internen Veranstaltungen laut Teilnehmern wiederholt nicht in der Lage war, das – von ihm selbst mitentwickelte – Vergütungsmodell der Bank verständlich und schlüssig mit eigenen Worten zu erläutern«. Der gesamte Vorstand verdiente in jenem Jahr immerhin 42 Millionen Euro. Was war der Grund für den mangelhaften Auftritt: Es gab keinen guten Plan. Er wollte es authentisch aus dem Bauch heraus machen. Jemand – oder seine innere Stimme – hatte ihm gesagt: Das machst du doch einfach so, da kennst du dich doch aus! Kommt Ihnen das bekannt vor?

Der planlose »Stegreif« ist eine Falle für Menschen, die immer wieder hören: Du kannst doch reden! Es gilt ein Gesetz: Alles, was rhetorisch schiefgehen kann, kann schiefgehen.

Ein neuer Manager spricht zum ersten Mal vor Mitarbeitern. Er spricht über seine Familie, über sein Studium. Eine Story ist gut, aber sie muss sehr gut sein, und auf einen klaren Satz hin geordnet, wenn es »persönlich« klappen soll. Genau das sind die hingestotterten Anfänge deutscher Durchschnittsvorträge gerade nicht.

»Wer mich noch nicht kennt: Ganz kurz zu meiner Person – äh – ich bin ein echtes Sauerland-Gewächs. Ich habe dann in Münster studiert. Und dann – äh – meine Karriere in Bonn gestartet … Bin heute zuständig für Prozesse …« So etwas Langweiliges würden wir sicher nicht aufschreiben, um damit zu beginnen. Sie jedenfalls sollten Sie sich nicht darauf verlassen, dass Ihnen irgendetwas, das Sie professionell nach innen oder außen sagen, einfach so einfällt. Also, bleiben Sie auf der rechten Seite – und verlassen Sie sich nicht darauf, dass Ihnen auch nur irgendwas irgendwie einfallen wird, in dem Moment, in dem der Vorhang aufgeht.

In allen Beispielen hatte jemand gesagt – oder eine innere Stimme – »das machst Du doch einfach so«, »da kennen Sie sich doch aus«. Verbitten Sie sich solche Sätze in Ihrer Umgebung. Warum müssen wir sie doch überall hören? Wahrscheinlich, weil es keinen besseren Plan gab.

Es gibt zwei Arten, einen Plan für einen Auftritt zu machen, von denen die erste die sicherste ist:

- Vorbereitung mit einem konkreten Plan – in Reden von vorn bis hinten, in Antworten mit vier bis zehn geprobten Themen.
- Vorbereitung nach einem generischen Muster. Diese Variante lässt uns mehr Freiheit.

Bei jeder Rede sollten Sie die Ziele der Rede definieren, sich ein Themengerüst erstellen, die einzelnen Sätze planen und sich hierfür Stichwörter aufschreiben. Das Ganze proben, mehrmals laut sprechen und sich überlegen, welche Fragen des Publikums kommen könnten und wie Sie diese beantworten wollen.

8. In der Öffentlichkeit Namen nennen

Auf einer Bilanzpressekonferenz sagte der Vorstandsvorsitzende von A über den Vorstandsvorsitzenden von B: »Herr X ist ein Freund der A.« A ist die Tochterfirma von B. Eigentlich ist das völlig in Ordnung. Aber selbst wenn es das ist, scheinen Namen allerlei Ärger zu machen auf dem Weg zum Erfolg.

Allein die Nennung des Namens seines Aufsichtsratschefs, in noch so freundlichem und zutreffendem Zusammenhang, das war hier schon zu viel. Es gab einen kraftvollen Ärger und ein klärendes Telefonat. Ein Tochterunternehmen, das über die Mutter spricht, über reale Personen im Vorstand. Unmöglich! Das war übertrieben, aber Sie haben immer mit übertriebenen Reaktionen zu rechnen.

Herr X über Frau Y. Frau Y über Herrn Z. In der Öffentlichkeit gibt das fast immer Ärger. Journalistische Medien leben davon, dass sie Parteien und Konkurrenten aufeinanderhetzen, am liebsten Menschen, das ist das Interessanteste. Nennen Sie keine Namen. Nennen Sie in der Öffentlichkeit keine Namen, spätestens, sobald Mikrofone eingeschaltet sind.

Ein Spezialfall ist das Reden über Vorgänger. Über das Nicht-Eigene reden, das Werk der Vorgänger öffentlich beurteilen müssen, ist schwer und heikel. Jeder kommt in diese Lage, so mancher erbt beim Amtsantritt, was er gar nicht will, oft nicht einmal versteht. Die Versuchung ist groß, das Geerbte abzutun oder einfach zu ignorieren. Widerstehen Sie! Die Lage ist klar: Sie haben von Ihren Vorgängern Initiativen und Programme geerbt. Sie müssen sie umsetzen. Der Rat heißt: Keine rhetorische Distanz zu den Vorgängern, niemals!

9. Verrückt werden

Jede Krise feuert an. Manche Aufsichtsräte sagen: Am besten man führt permanent ein Stück auf, das Krise heißt. Der frühere Intel-Chef Andy Grove organisierte zu diesem Zweck »Confrontation Meetings«. Und das ging so: Jeder, der eine Idee anschleppt, soll sie scharfer Kritik aussetzen. Mit unkalkulierbarem Ausgang; der verrückte Chef selbst machte daraus ein Scherbengericht. Grove sagte zu seinem Ergebnis am Ende selbst: »Nur die Paranoiden überleben!« Solchermaßen die Organisation aufkochen ist pubertär. Die das tun, leben oftmals Neurosen aus. Verrückte an der Spitze, das könnte auch die anderen verrückt machen.

Das gibt es schon sehr lange. Zerstören, zerhacken, auch verbrennen ist beliebt. In Kriegen heißt das die »Taktik der verbrannten Erde«. Der Begriff geht nicht etwa auf Adolf Hitler zurück, wie wir meinen, sondern auf William T. Sherman. Als der auf seinem berühmten Marsch zum Meer tief im Südstaaten-Feindesland im 19. Jahrhundert ohne Nachschub war, ernährte er seine Leute von erbeuteten Nahrungsmitteln – und zerstörte danach alles. Wir könnten sagen: Der war vermutlich jähzornig, impulsiv und hoch nervös. Dann hat die Unternehmung eben Pech gehabt, könnte man sagen. Wer hatte schon einen solchen Vorstand?

Shermans Art zu führen können wird im Nachhinein als innovativ beschreiben. Aber nicht nur das. Solche Praktiken – und die dahinter liegenden Mindsets – werden regelrecht empfohlen. Der Erfinder und erste Praktizierende des Totalen Krieges scheint die These zu unterstützen, dass in Krisen Führungskommunikation gebraucht wird, die über alle horizontal aufgereihten Kommunikationsmittel hinausgeht, die wir aus Lehrbüchern kennen.

Eine extreme Geschichte aus der Geschichte? Sie wissen es vielleicht besser. Der Heerführer war wie mancher Manager, der einen Change hinzulegen hat, bevor der Vertrag ausläuft. Dahinter könnte ein Gesetz stehen: Entscheiden und handeln aus großer Höhe verleitet zu radikalen Lösungen. Auch der Erfinder des totalen Krieges handelte nicht logisch, eher psychologisch, darin war er ein »Executive«, aber eben ein schlechter.

10. Ohne Schutzpatron sein

In den allermeisten Organisationen der Geschichte konnte man nichts werden ohne den Paten. Der Schutzpatron gibt in der Kirche die Gewähr für Heil und Segen. Heute ist das anders, denkt man, aber es sieht nur so aus; der Pate ist wichtiger denn je. Schutzpatrone können entscheidend sein. Um Ziele in der Organisation und im Markt durchsetzen zu können, brauchen Sie Ihren Paten, Ihren Mentor, mit dem Sie sich vertraulich besprechen können und der Sie bei Entscheidungen unterstützt.

11. Sich nur situativ vorbereiten

Sie haben in den kommenden Monaten verschiedene Auftritte vor sich. Am 17. des Monats ist es eine Podiumsdiskussion, am 21. ein Review vor der nächsten Führungsebene, am 25. eine kleine Ansprache an das Team, evtl. noch ein Interview. Sie haben jetzt zwei Möglichkeiten: Sie sehen das situativ, wie es zunächst auch aussieht – oder Sie skalieren.

Das Situative ist die Regel. Warum auch nicht; die Kommunikations-Einheiten in großen Unternehmen gehen oft so vor. Mit der situativen Methode wird für Spitzenmanager jede Situation einzeln vorbereitet.

Berater leben gut davon: Vor allem große Agenturen profitieren – mehr Aufwand, höheres Budget. Dahinter steht ein Prinzip: Nur für frische Rede und Antwort, frische Texte und Charts gibt es frisches Geld. Diese situative Vorbereitung ist die ineffizienteste Art überhaupt.

Bei genauerem Blick fällt auf: Oft weisen Situationen – so unterschiedlich sie sein mögen – mehr Ähnlichkeiten auf, als man zunächst denkt. Die situative Arbeitsweise gilt es schon deshalb in eine skalierbare zu drehen: *Economies of scale,* Mengeneffekte, sind das Ziel jeder Betriebswirtschaft, und die gibt es auch in Ihrer Executive Communication. Gehen Sie den Weg von situativer Vorbereitung zu skalierter.

Das geht so: In einer Art Themensetting werden interne und externe – proaktive und kritische – Themen *(Issues)* intelligent organisiert und quasi-industriell nutzbar gemacht für alle Äußerungen – Reden und Antworten. Für Sie, und für andere in Ihrem jeweiligen Leadership Team. In meinem Zielsatz-Buch habe ich das Vorgehen beschrieben.

Das letzte Argument gegen bloß situative Vorbereitung ist ein hartes: Diese altmodische Arbeitsweise ist auch teurer. Ihr Auftrag aber ist unter anderem Ressourcenschonung. Schon insofern würde Sie situative Vorbereitung aus dem Executive Modus wieder herauswerfen. Skalierbare Themen und Inhalte – für alle Reden und Antworten – vorzubereiten, das hält Sie im Executive Modus.

12. Zur Rampensau werden

So viele Erbsenzähler und Korinthenkacker kamen in etlichen Beispielen vor, mit gutem Grund: Vom Experten- zum Wirkungsmodus ist wirksames Erscheinen nötig. Aber reden wir zum Ende vom Gegenteil. Wenn rhetorische Mittel zu massiv eingesetzt werden.

Woody Allen lässt seine Figur Sokrates in dem wunderbaren Stück »Meine Apologie« im Angesicht des Schierlingsbechers darüber philosophieren, dass Qualität in Quantität umschlägt. Allen träumte, er sei Sokrates, und konstruiert seinen Schülern ein dialektisches Gleichnis: »Denn was ist böse, denn anderes als gut im Übermaß?« Sein Schüler sagt: »Wie das?« Darauf Sokrates: »Wenn ein Mensch ein Liedlein singt, so ist das schön. Will aber absolut nicht enden der Gesang, möcht schließlich Socken in den Rachen man ihm stopfen.«

Wer kraftvoll durch die Tür kommt, erhöht die Wirkung – für sich und den Arbeitgeber. Aber das Englische ist hilfreich, es kann so schön so viele Konnotationen bündeln: »Promotion« bedeutet »sich selbst darstellen« aber auch, über sich hinaus zu gehen. Der Autor Tory Higgins unterscheidet *prevention orientation* und *promotion orientation*. Personen, die *prevention-orientiert* sind, halten fest, sie bleiben am Boden. Wir sind eher hier erzogen worden, unser Mindset hält uns hier auf der linken Seite fest. Die *promotion orientatated people* gehen weiter – und fliegen höher. Sie machen manchmal mehr Wind, und sind wohl deshalb im deutschsprachigen Kontext suspekt. Das ist noch nicht problematisch, nur dann, wenn das Liedlein zu oft und zu laut gesungen wird.

Wir reden nicht über Situatives – eine oder einer bläst sich gelegentlich auf –, sondern über Habituelles, das an der Person immer schon dran ist. Wir haben für Menschen mit Lust an Wirkung den Begriff Rampensau – den ich ekelhaft finde. Er eignet sich aber für diesen Punkt, der teuerstes Führungspersonal aus der Kurve trägt – durch das Zuviel an Wirkungsambition.

Rampenmenschen sind eben nicht so wirkungslos wie die Menschen da links im Expertenmodus – sie sind das Gegenteil. Die mit dem Zuviel lesen eher nicht in einem Konzept zur Führungswirkung; die glauben schon genug davon zu haben, ob mit Löffeln und anderen Hilfsmitteln gefressen. Rampenmenschen sind problematischer als die eher grauen Experten, wenn man über ihren eigenen Auftritt spricht. Sie biegen Rückmeldungen gern ins Affirmative: Negatives Feedback ist hier besonders nötig!

Zunächst ist alles gut. Es sind Menschen, die auf Selbstdarstellung achten, die auf Wirkung gebürstet sind, sie ziehen oft andere mit. Habituell hohe persönliche Wirkung macht das leicht. Ich erlebe deutlich weniger, aber doch einige Klienten, die davon zu viel haben. Wenn ein Mensch ein Liedlein singt, so ist das schön.

Wir haben einmal eine Abschiedsrede eines Finanzvorstandes vorbereitet, mit einer Gefahr: Die Wirkung ohne Vorbereitung und im falschen Modus wäre eventuell gewesen: Jetzt hat er sich zum Schluss noch mal richtig aufgeblasen! Ein sehr lernfähiger Mann. Er saß schließlich an dem Tag auf einem unscheinbaren Stuhl, am Tisch, um elf Uhr in einem Konferenzsaal, sprach leiser, zugewandter nachdenklicher – man muss das können, manchmal üben. Er stand nicht wie so oft und wie es auch üblich wäre. Alles eine Stufe tiefer, nicht unbedingt nach links, denn die gewünschte Wirkung hatte das ja. Eigentlich schade, dass er geht!

Unter Rampenmenschen gibt es – sonst wird das Kapitel zu negativ – viel Hoffnung. Gerade unter den Rampenmenschen gibt es Manager, die Führungswirkung nicht beliebig sein lassen. Aber jedes Zuviel wirft Menschen aus dem Executive Modus heraus. Unter den Spitzenkräften gibt es naturgemäß genug Rampenmenschen. Man muss das nicht werten. Aber übertreiben die es, vernichten die Wert. Sie sind für den gefährlichen Endpunkt anfällig, um den es im letzten Kapitel geht.

10 Der X-Punkt – Wenn die Flughöhe zu groß wird und der Anflugwinkel zu steil

Im Verlauf einer Karriere gewinnen Menschen Sicherheit, vieles geht von selbst. Dieses so leichte Selbstbewusstsein ist großartig, Menschen in Ihrer Umgebung können davon profitieren. Sie sind souverän, milde gestimmt; Sie müssen sich und anderen nichts mehr beweisen. Alles gelingt scheinbar selbstverständlich. Auf dem richtigen Platz kann man wirken, und manchmal strahlen. Resonanz stellt sich ein, das Wirkungsprinzip ist in Reinkultur zu sehen, man argumentiert mit guter Flughöhe, man schafft einen Rahmen, ein Dach, man schafft Zugang. Immer mehr schließen sich an. Solche Executives sind maximal auf der rechten Seite.

Aber die Gefahren lauern auf der Stelle. Sie heißen Selbstzufriedenheit und bald darauf Selbstüberschätzung, oft mit einer als authentisch deklarierten Wertvernichtung. Oft sind es nur persönliche Unzulänglichkeiten, die im Verlauf der Jahre herausgelassen werden. Das wahre Gesicht erscheint. Man sollte meinen, das ist gut, ist es aber nicht. Im Gegenteil. Veränderung außen verlangt immer auch Veränderung nach innen, mit Jack Welch: »When the rate of change outside exceeds the rate of change inside, the end is in sight.« Wer sie aufgibt, hat in einem Change nichts zu suchen. Vor allem sollte sie oder er nicht an ihrer Spitze stehen.

Der Brecht-Schüler und Dramatiker Heiner Müller sagte, »dass der eigentliche Störfaktor der Mensch ist, und mit dem Menschen kann man nicht heroisch umgehen. Weil der Mensch ist nicht heroisch, sondern es ist gegen seine Natur, heroisch zu sein.« Weil Menschen in Organisationen selbst nicht heroisch sind, gerade deshalb suchen sie das Große, Hohe, gern woanders. Das verführt die Führenden zu allzu großer Flughöhe.

Und die Geführten? Menschen wollen gute Arbeit leisten, sie wollen dafür geschätzt und wertgeschätzt werden. Sie wollen etwas bewirken. Und sie wollen sehen, wo ihr Platz in Bezug zu anderen ist. Geraten sie an Menschen, die zu hoch fliegen, mit zu hohem Anflugwinkel, mit zu viel *altitude*, dann sinkt die Führungswirkung. An einem Punkt wird sie zerstört.

Alle im Executive Modus lernen weiter. Bis zu diesem einen Punkt, an dem das Lernen nachlässt. Es ist der Punkt, an dem jemand einfach nur Opfer seines Egos wird. Selbst manche Eins-a-Typen hören an diesem Punkt auf, gut zu sein. Nicht wenige sagen, irgendwann landen dort alle. Es ist derselbe Punkt, an dem entschieden wird, ob Sie weiter an der Spitze bleiben, uns sollte das nicht egal sein. Ich nenne ihn den X-Punkt (Bild 10.1).

Der X-Punkt ist eine Art Wegscheide: Ich stelle mir zwei Linien vor, die eine ist die Impact-Linie, die Gehalt und Bezüge, Umsatzverantwortung, Mitarbeiterstärke und Dienstgrade jeder Art abbildet, und am Ende gesellschaftliche Wichtigkeit. Die Linie darüber ist die Lernfähigkeit und Lernwilligkeit. Die guten Leute erhalten diese Linie lange, und sie zieht die Impact-Linie darunter vielfach mit, wenn es gut läuft. Aber irgendwann hört Lernen auf, und die obere Linie sinkt rapide und schneidet sich mit der unteren, Wichtigkeit steigt, Lernfähigkeit sinkt. Das katapultiert Sie heraus dem Executive Modus.

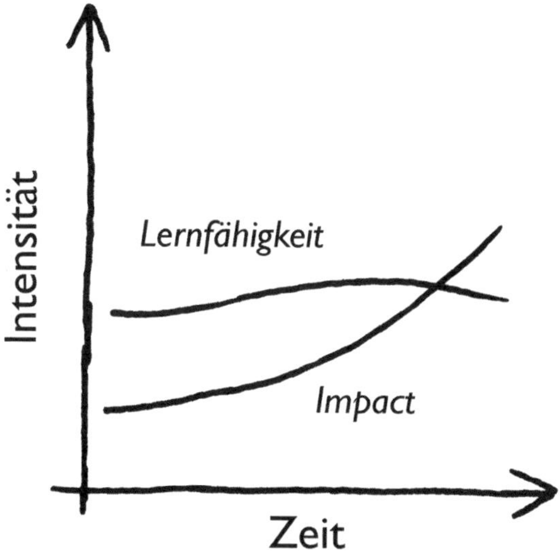

Bild 10.1 Der X-Punkt: Das Ende des Executive Modus

Es geht darum, den X-Punkt möglichst spät zu erreichen. Und es gibt viele, die das schaffen. Schon demografisch müsste das enorme Erfahrungspotenzial erhalten werden. Die schlechten Alten müssen weg, aber die guten Alten sollten bleiben. Starre Altersgrenzen machen heute keinen Sinn mehr. Das Problem ist nicht Alter, sondern Egozentrik und Lernabbruch.

Oft müssen Manager gehen, weil sie irgendwelche Altersgrenzen erreicht haben, was immer das ist. Die Frage ist: Geht der, sagen wir, mit Anfang Sechzig, weil er nicht mehr lernt? Das wäre in Ordnung. Es gibt kaum noch Spitzenmanager, die nicht mehr lernen, die Beratungsresistenten sind oft längst aussortiert. Ich könnte die Geschichte von einem Klienten erzählen, der ist sechsundsechzig. Die so sind, sind jedes Geld wert und in jedem Alter.

Und es gibt die mit 49, die jedermann auf die Nase binden, dass sie eigentlich schon bald »nicht mehr arbeiten« wollen – was für ein Ziel! Nicht mehr lernen können, oder nicht mehr lernen wollen schon eher. Das sind die mit den Bedenken, das sind die, die um fünf müde werden, die das Wort »Golf« hin und wieder aussprechen oder einmal zu oft, es sind »die schlechten Jungen«, die sollten gehen.

Aber wir wissen natürlich: Es gibt auch schlechte Alte. Für die muss die Altersgrenze ja einmal gemacht worden sein. Und die Altersgrenze hatte ihren Sinn in den Zeiten der Dax-CEOs der Achtziger, noch der neunziger Jahre. Als es noch keinen Compliance-Druck gab, keine wirkliche Governance und als einfach noch gemacht wurde, was einer gesagt hat. Und es gab in der Zeit kein Lernen. Die schlechten Alten werden irgendwann starr, es gibt diesen Punkt, wenn das Lernen aufhört und die Lösungen die immer gleichen sind. Die schlechten Alten sollten gehen – aber nicht weil sie 62 oder 65 werden, sondern wenn deren Anflugwinkel zu steil wird.

Manager wie Bienenköniginnen

Es kommt am X-Punkt. Es kommt hier zu einem absurden Zustand, einer Schubumkehr. Die mit der besten Vergütung, die die Organisation in Schwung versetzen sollten, lähmen sie am Ende. Solche Spitzenmanager sitzen wie eine Bienenkönigin auf der Organisation.

Das beginnt oft früh sich abzuzeichnen. Wenn Manager, weit vor dem Erreichen des X-Punktes, allzu authentisch reagieren, vielleicht cholerisch, oft erratisch-unberechenbar, mit Tiraden gegen diesen oder jenen, oder mit Ängstlichkeit und habituellem Zögern, Kontrollwahn, dann gehört es einfach dazu, und es hat vorgeblich nichts mit dem Geschäft zu tun. Wer Aufsicht übt oder allzu authentische Manager führt, sollte sie dagegen mit Belegen konfrontieren. Wegen Pedanterie Kunden verloren, wegen eines Gefühlsausbruches Beziehungen zu wertvollen Meinungsbildnern oder Politikern zerstört, aufgrund persönlicher Launen und Aversionen einen ganzen Kreis potenzieller guter Bewerber ausgeschlossen. Wenn Sie solche Kräfte in Ihrem Team haben, sagen Sie: Das hat Geld gekostet!

Wir reden vom Alphatier, das immer so respektvoll erwähnt wird. Alphas seien für jedes Unternehmen ein zweischneidiges Schwert – unverzichtbare Ressource und unkalkulierbares Risiko zugleich – das sagen Anke Houben und Kai Dierke in ihrem Buch »Gemeinsame Spitze«: »Die dunkle Seite der Alphas kann zum unkalkulierbaren Risiko für Teams werden. Besonders in Stresssituationen tendieren Alphas dazu, aus einer Übersteigerung ihrer Stärken dysfunktionale Verhaltensweisen zu entwickeln, die in jedem Team und jeder Organisation enorme Schäden anrichten können.« Analytische Stärke mutiert zu Rechthaberei, sogar Verbohrtheit. Die kraftvolle Ausführung kann umschlagen in verbissene Rechthaberei. »Loose cannon on deck« ist das Bild von Kate Ludemanns und Eddie Erlandsons berühmten Buch »Coaching the Alpha Male«.

»Doch die Verhältnisse, sie sind nicht so!« dichtete Brecht. Ein wunderbarer Zustand ist es, wenn man gar keine Wirkung entfalten kann! Wenn Führungswirkung und Kommunikation schief gegangen sind, gibt es allerlei Erklärungen. Wegen großer Anspannung seien die Nerven durchgegangen, etwas Unvorhergesehenes sei passiert, alle seien negativ eingestellt, von Anfang an sei der Wurm drin gewesen, und die Ursache für das eigene Fehlverhalten sei schon vom Vorgänger geerbt. Warum soll jemand sich ändern, wenn die Umstände so sind? Falsch! Hinter diesem Verhalten stehen oft die immer gleichen Muster. Wer das erkennt, wird die Verantwortung für eigene Mängel nicht länger delegieren, und Führungswirkung entfalten.

Hybrid – Wenn Manager gottähnlich werden

Zurück zu dem Moment, wo die Flughöhe zu groß wird. Die ersten Anzeichen: Zu viele Bälle in der Luft, immer neue strategische Konzepte werden angefordert, verworfen, Projekte werden immer neuen anderen Personen umgehängt. Sie oder er verliert die Organisation hinter sich. Die Spirale dreht sich weiter.

Die zweite Stufe: Er oder sie lässt es die Umgebung spüren. Die Arroganten unter den Gottähnlichen, das sind die meisten, lasten das den anderen an: Die sind zu langsam, die kapieren nichts. Erledigte Aufträge werden nicht wertgeschätzt, oft nicht einmal angesehen, und das Ganze wird auch noch öffentlich gesagt: »Sorry, ich konnte gar nicht alles lesen.«

Diese Taktik trifft oft auf fruchtbaren Boden, es gibt offenbar eine Sehnsucht nach Betreuung. Ein Spiel mit komplementären Neurosen. Denken wir uns Jahrzehnte zurück. Als Kind waren wir unsicher: Man weiß nie, wie es Mama haben will. Man macht es, und dann ist es doch wieder nicht recht. Diesen Hang zur Infantilisierung nutzt das Gottähnliche als sein Komplementär. So werden Ihre Direct Reports Dienst nach Vorschrift machen.

So entsteht Inaktivität, alle lehnen sich zurück und warten ab, am Ende weiß »er« ja doch alles besser. Wenn man es ohnehin nicht recht machen kann, wird nichts erledigt. Ein Klient bestellte unentwegt Charts und Texte jeder Art – ohne Rückmeldung. Am Ende bekam er einfach nichts mehr geliefert. Nichts.

Eine weitere Gefahr möchte ich *Glamour Trap* nennen. Man kennt das aus dem Wissensbetrieb. Man weiß, dass Nobelpreisträger durch die Aufmerksamkeit der Ehrung nicht mehr die Arbeit fortführen konnten, für die sie ausgezeichnet wurden. Eigentliche Führungsarbeit wird vernachlässigt für die Repräsentation eigener Wichtigkeit.

»Von einem bestimmten Erfolg an müssen Sie sich für gar nichts mehr rechtfertigen«, sagte ein ehemaliger Hugo-Boss-Chef. Das ist mal ne Ansage! Verräterisch, gottähnlich. Solche Sätze zerstören teuer aufgebaute Reputationen eines ganzen Berufsstandes. »So what?«, sagte ein Vorstandssprecher der Deutschen Bank. Lange her, aber es ist dasselbe. Man zeigt, dass man es nicht mehr nötig hat, man wird sakrosankt. Ich nenne es »gottähnlich«. Dieser Punkt ist der Anfang vom Ende. Es ist der Punkt, an dem Aufsichtsräte eine heimliche Akte anlegen, eine Strichliste.

Ein Hybrid ist etwas, das nicht Fisch, nicht Fleisch ist, nicht nur das eine, sondern auch das andere, nicht nur Benzin, sondern auch Strom. Das Wort ist altgriechisch: nicht nur Mensch, sondern auch Gott. Und es gibt diese gelegentlich hybriden Managerwesen: halb Mensch, halb Gott. Die leben in einer Zwischenwelt der Halbgötter. In der griechischen Mythologie waren die Hybriden noch ein festgesetzter Personenkreis, sozusagen zweite Führungsebene. Aufstiegschancen waren begrenzt, weil die Ebene der Götter darüber streng definiert war und eine nun wirklich ganz andere Qualität hatte. Das wussten die Hybriden; sie führten sich umso gottähnlicher auf. Ein Machtspiel aus dem Arsenal der Gottähnlichen gefällig? Zu viele kategorische Fragen stellen, die Arbeit der anderen plattmachen mit der Frage »Wo ist das Big Picture?« ohne selbst Plan oder Flughöhe zu haben.

Rigidität – Wenn die Rolle den Menschen auffrisst

Eine Figur in Georg Büchners *Dantons Tod* sagt über die politischen Gegenspieler, man müsse »Ihnen die Masken vom Gesicht reißen«, und Danton entgegnet: »Da werden die Gesichter mitgehen.« Rolle und Authentisches verfließen in eins, nicht nur im Theater. Ich-Bewusstsein und Rolle verschmelzen.

Schmalspurige Manager schaffen da eher keine Zwischenwelten und Schattierungen. Nur die Vielschichtigeren schaffen weitere um sich. Professionelle Variabilität.

Irgendwann hört sie auf, und die Rolle frisst den Menschen. Der Controller kontrolliert rund um die Uhr, der Executive exekutiert nur noch, auch zu Hause, der Lehrer belehrt seine Kinder. Das ist Rigidität. Ohne Reflexion, ohne negatives Feedback kippt die Balance aus Authentischem und Rolle. So gefährlich das Nur-Authentische ist, das Gegenteil ist es erst recht. Das Nur-Rollenhafte, das Nicht-mehr-Herauskönnen.

Wer Korrekturen von außen bekommt, erreicht nicht so schnell den X-Punkt. Hierin sind Frauen etwa professioneller. Sie leben Führung als Rolle, mit nötiger Distanz, und seltener mit der Totalidentifikation. Sie suchen den Rückbezug zum Leben außerhalb der Rolle. Was Gertrud Höhler schon vor Jahren schrieb, gilt noch immer. Das macht Frauen so erfolgreich, wenn sie im Spitzenmanagement sind. Ein Mann erlebt die Berufszeit als eigentliche Zeit. Sie wird ihm nicht vom Leben weggenommen; er gibt sie oft ganz und gar. Frauen schütten oftmals Inseln auf gegen Vereinnahmung. Einer der Gründe, warum es so wenige gottähnliche Frauen im Spitzenmanagement gibt. Ich kenne keine einzige.

Wer die Regulative nicht hat oder nicht erkennt: Familie, Freunde, ausreichend negatives Feedback, bei dem kippt Führungswirkung um. Gottähnliche verwechseln Rolle und Authentizität. Beides kommt aus dem Gleichgewicht, sie sind nur noch Rolle. Manche Spitzenmanager kennen die Grenzen der Inszenierung nicht. Ich habe mit gleich zwei Nachfolgern eines sehr gottähnlichen CEOs gearbeitet; die Aufräumarbeiten waren enorm. Das Prinzip dahinter ist Maßlosigkeit. Maßloser Profit, maßlose Expansionen, maßlose Vorstandsbezüge, maßlose Abfindung. Am Ende von Medien gern genommen, aber nicht für alle ein ernst zu nehmender Experte. Alle Selbstinszenierungen werden zur Karikatur, wo sie übertrieben werden, und die Arbeitgeber müssen es ausbaden.

Die Rolle okkupiert den Menschen, die Maske wächst an und geht nicht mehr herunter – wie in Georg Büchners *Dantons Tod*: Irgendwann gehört das Gottähnliche zur Person dazu, es wird Teil des Authentischen. Man kann dann sagen: Der ist so. Und wieder zeigt sich: Diese Authentizität braucht niemand. Deshalb werden sie dann sehr schnell entfernt. Gerade die Gottähnlichen fallen tief, denn das Gottähnliche ist gerade das Gegenteil dessen, wofür sie angestellt werden. Es vernichtet Wert.

Niemand ist dagegen gefeit. Alle, die Macht bekommen, nehmen Machtverhalten als Teil des Selbst in sich auf, manche mehr, manche weniger – sehr früh schon entsteht diese Gefahr. Selbstverständlich braucht die Rolle Macht, der Durchsetzungsanspruch legitimiert Executive-Maßnahmen. Macht ist Teil des Vertrages. Aber Macht darf nicht Zentralzustand sein. Immer wenn Sie von den Gottähnlichen den Satz hören: »Die müssen mich doch nehmen, wie ich bin!«, könnten Sie sagen: »Nein, müssen wir nicht.«

Helden

Helden sind Identifikationsfiguren, die Pars pro Toto für eine Menge stehen und das erreichen, was die Mitglieder der Menge erreichen wollen. Der Mythos scheint der Zielzustand manches Spitzenmanagers zu sein. Wiederholtes bildhaftes Erscheinen trägt zum Heldenmythos bei. Helden erzeugen Abgehobensein. Und auch das Gegenteil, eine Neugier auf Kontakt. In der Berührung des Gewandes kennt man das seit Jahrhunderten. Im »Sichzeigen« steckt ein rhetorischer Effekt; die Wiederholung. Aber Helden zeigen sich nicht jedem jederzeit. Modern gesagt, Helden kommunizieren nicht mit Stakeholdern. Sie sind für den Alltag nicht unbedingt zu gebrauchen, für Führungswirkung; sie sind außerhalb des Executive Modus. Heldentum sollten Sie schon nicht anstreben, denn im Bild des Helden steckt schon das Scheitern.

Helden leben ohne jedes Feedback, das ist ihr Schicksal, von Mitarbeitern zumal. Es gibt den Wunsch, das Eigene im Führer wiederzufinden. Oft auch werden Helden ausgesucht, die das sanktionieren, was man selber gerne täte. Kaum anders ist es zu erklären, dass jemand wie Silvio Berlusconi so viel Akzeptanz fand, von Donald Trump ganz zu schweigen. Hinter dem Erfolg des Prototyps des Macho-Italieners steht eine tiefe Sehnsucht und einer der großen Kollektivmechanismen: Wenn der das tut, darf ich das auch. Viele Ostdeutsche zum Beispiel hatten ihren Manfred Stolpe. Ein Mann, der mit dem gerade untergegangenen DDR-Regime eng verwoben war, wurde Ministerpräsident. Jener Landesvater Stolpe (»Meine Brandenburger …«), der die Demokratisierung eines ganzen Bundeslandes eher verschleppt hatte, sagte gern öffentlich, er habe sich nichts vorzuwerfen. Warum sollten sich seine Brandenburger etwas vorwerfen? Wenn Führungsfiguren Fehlhandeln sanktionieren, ist das fatal. Insofern und deshalb behindern Galionsfiguren das so wichtige Lernen im Unternehmen.

Fehler zugeben ist für ein anständiges Unternehmen existenziell. Menschen, die Sie führen, suchen nach Führungspersönlichkeiten, die beispielhaft menschlich sind – vielleicht auch diesen oder jenen Dreck am Stecken haben. Machen Sie Fehler, dann kommt das Ihren Leuten nicht ungelegen. Verständnis für Ihre etwaigen Fehler ist nicht nur uneigennützig; sie sind erwünscht. Lernen Sie selbst nicht dazu, stehen Sie selbst nicht zu Ihren Fehlern, tun es auch Ihre Leute nicht.

Aus der Spur

Mit dem Prinzip Wirkung fängt das Buch an – und am X-Punkt hört Führungswirkung auf. Die Gegenkraft gegen das Wirkungsprinzip heißt: »aus der Spur geraten«.

Wenn zu lange alles gut ging, entsteht Sorglosigkeit. Sie beachten nicht mehr Compliance-Regeln, Sie ignorieren Dienstwege. Dann kümmern sich Manager nicht mehr um bewährte Prozesse, Algorithmen, sondern sie fliegen auf Sicht. Ihr Bauchgefühl sagt, was zu tun ist. Sie verlassen sich allein auf die eigene Erfahrung.

Das erste Problem dabei. Sich verlassen auf die absolute Richtigkeit des eigenen Tuns setzt Unfehlbarkeit voraus – die es nicht gibt. Manfred Kets de Vries erklärt in seinem TED Talk, »Why Leaders Derail«, warum Führungspersonen aus der Spur geraten. Sehen Sie sich das an.

Das zweite Problem: Verantwortung. Wer trägt sie? Sie als Manager? Die Directors- und Officers-Versicherung? Die Antwort lautet: Die Ihnen anvertraute Organisation muss sie tragen. Gerade deshalb ist das Gottähnliche zugleich unethisch. Es ist das Ende jeder Führungswirkung. Der X-Punkt kündigt Ihren Vertrag auf.

Ikarus

Der Wunsch nach Flughöhe ist alt. Aber auch die Risiken sind alt. Ikarus wollte zu hoch fliegen und stürzte ab. Auch mancher Spitzenmanager fliegt zu hoch und stürzt ab, wenn Flughöhe zu groß und Anflugwinkel zu steil werden. Die Fälle, die wir alle kennen, sind nicht geschehen, weil einer zu wirkungsvoll kommunizierte, wofür dieses Buch durchgängig plädiert – sie sind passiert, weil jemand sich selbst vor seine Rolle gesetzt hat. Weil er vergessen hat, dass er Angestellter ist. Weil er vergessen hat, dass Führung Auftragskommunikation ist. Mit dieser Klarstellung begann dieses Buch.

Und wenn es Sie selbst treffen könnte? Man muss immer wieder den Verdacht gegen das eigene Handeln nähren. Handle ich richtig? Kaum jemand erkennt den Moment allein, in dem das umkippt. Executive Modus braucht Executive-Coaching. Setzen Sie es beizeiten ein. Bleiben Sie mit der Kirche im Dorf. Was Sie auch immer tun, eines dürfen Sie nie: Werden Sie nie gottähnlich!

Der X-Punkt des einen ist die Chance des anderen. Er ist der Moment, an dem jeder imstande ist, ob mit oder ohne Talent, auch die Besten zu überholen – wenn die nachlassen, wenn die sich zurücklehnen, wenn die allzu oft gehört haben, wie gut sie sind. Das Executive-Leben geht so lange gut, bis Sie selbst sich später zurücklehnen. Dann werden Sie genauso überholt. Und wenn sie nicht alle gestorben sind, dann geht das so weiter.

Damit sind wir beim Ausgangspunkt angekommen. Führungswirkung für Auftragskommunikation, nach innen und außen. Will man sie verbessern oder auch nur irgendwie ändern, muss man an beiden Enden anpacken: Man muss es personenbezogen tun, indem man Menschen entwickelt. Mind-over-Matter mit Einstellungen; die zwölf Taktiken – Matter-over-Mind, indem man es einfach macht und trainiert. Und man muss auch systembezogen herangehen, indem man den Auftrag ansieht und ein Umfeld schafft, das Führungswirkung möglich macht.

Dass man Sie nicht daran hindert, Ihre Arbeit zu tun, dass Sie ein Team haben, das gute Prozesse unterstützt und geeignete Papiere liefert. Kurz gesagt, dass Sie Führungswirkung entfalten, dass man Sie auf die rechte Seite des Spiels gehen lässt, in den Executive Modus, und dass Sie nachhaltig dort bleiben, das wünsche ich Ihnen.

Literatur

Andersen, Chris: »How to Give a Killer Presentation«. In: *Harvard Business Review* 91, no 3, 2013, S. 121–125

Aristoteles: Topik. *Über Argumente*. Stuttgart 2004

Armbrüster, Thomas: »Authentizität ist ein Irrweg«. In: *Human Resources Manager* April/Mai 2015, S. 80–81

Armbrüster, Thomas; Hehn, Roland: »Kein Platz für humanistische Ideale«. In: *Human Resources Manager* Juni 2011, S. 78–79

Assig, Dorothea; Echter, Dorothee: *Ambition. Wie große Karrieren gelingen*. Frankfurt am Main 2012

Baecker, Dirk: *Postheroisches Management*. Berlin 1994

Bazil, Vazrik: *Impression Management. Sprachliche Strategien für Reden und Vorträge*. Wiesbaden 2005

Bazil, Vazrik; Wöller, Roland (Hrsg.): *Rede als Führungsinstrument. Wirtschaftsrhetorik für Manager – ein Leitfaden*. Wiesbaden 2008

Bernays, Edward: *Propaganda. Die Kunst der Public Relations*. Freiburg 2014

Borbonus, René: *Klarheit. Der Schlüssel zur besseren Kommunikation*. München 2015

Borbonus, René: *Relevanz. Was für wen wann wichtig wird*. München 2019

Brandl, Peter Klaus: *Crash Kommunikation. Warum Piloten versagen und Manager Fehler machen*. 3. Aufl., Offenbach 2012

Burns, James MacGregor: *Power to Lead*. New York 1985

Buß, Eugen: *Die deutschen Spitzenmanager. Wie sie wurden, was sie sind*. München 2007

Cialdini, Robert B.: *Die Psychologie des Überzeugens. Wie Sie sich selbst und Ihren Mitmenschen auf die Schliche kommen*. Bern 2013

Coyle, Daniel: *Die Talent-Lüge. Warum wir (fast) alles erreichen können*. Köln 2009

Deekeling, Egbert; Arndt, Olaf: *CEO Kommunikation. Strategien für Spitzenmanager*. Frankfurt/M. 2006

Dierke, Kai W.; Houben, Anke: *Gemeinsame Spitze. Wie Führung im Top-Team gelingt*. Frankfurt am Main/New York 2013

Dierke, Kai W.; Houben, Anke: *Die Sieben Mythen der Führung. Ein Neuanfang*. 2021

Dobelli, Rolf: *Die Kunst des klugen Handelns. 52 Irrwege, die Sie besser anderen überlassen*. München 2012

Donovan, Jeremy: *How to Deliver a TED Talk. Secrets oft the World's Most Inspiring Presentations*. New York 2013

Dotlich, David L.; Cairo, Peter C.: *Why CEOs Fail: The 11 Behaviors That Can Derail Your Climb to the Top and How to Manage Them*. Boston, Mass. 2003

Ekman, Paul: *Emotions Revealed: Recognizing Faces and Feelings to Improve Communication and Emotional Life*. London 2007

Engeroff, Stefanie; Wachtel, Stefan: »Corporate Speaking. Auftrittswirkung und Marke«. In: Keuper, Frank; Becker, Jörn (Hrsg.): *Leadership Reputation*. Berlin 2013, S. 123 ff.

Etzel, Stefanie: *Rhetorik für Finanz-Manager. Auftritt und Wirkung in der Finanzwirtschaft*. Wiesbaden 2017

Fannelli, Angelo: »In Charisma We Trust: The Effect of CEO Charismatic Visions on Securities Analysts«. In: *Organization Science* 20(6), 2009, S. 1011–1033

Förster, Andreas; Förster, Hans-Peter: *Corporate Wording 3.0. Kommunikation industrialisieren*. Frankfurt am Main 2014

Friebe, Holm: *Die Stein-Strategie. Von der Kunst, nicht zu handeln*. München 2013

Gabler, Neal: *Das Leben, ein Film. Die Eroberung der Wirklichkeit durch das Entertainment*. Berlin 1999

Gaines-Ross, Leslie: *CEO Capital*. New York 2003

Galli Zugaro, Emilio: *The Listening Leader. How to Drive Performance by Using Communicative Leadership*. London 2016

Geissner, Hellmut K.: *Kommunikationspädagogik*. St. Ingbert 2000

Göttert, Karl-Heinz: *Mythos Redemacht. Eine andere Geschichte der Rhetorik*. Frankfurt am Main 2015

Grant, Adam: »Unless You're Oprah, ›Be Yourself‹ Is Terrible Advice«. In: *nytimes.com*, 4. 6. 2017

Heifetz, Ronald A.: *Leadership Without Easy Answers*. Cambridge 1994

Herles, Benedikt: *Die kaputte Elite. Ein Schadensbericht aus unseren Chefetagen*. München 2013

Hiesserich, Jan: *Der CEO-Navigator. Rollenbestimmung und -kommunikation für Topmanager*. Frankfurt/M. 2006

Higgins, Tory: »Promotion and Prevention: Regulatory Focus as a Motivational Principle«. In: Zanna, Mark P. (Hrsg.): *Advances in Experimental Social Psychology*. San Diego 1998, S. 1–46

Höhler, Gertrud: *Spielregeln für Sieger*. 14. Aufl., Düsseldorf 1996

Hostettler, Stephan: »Flughöhe ist entscheidend«. In: *Handelszeitung* vom 23. Mai 2007

Ibarra, Herminia: *Act Like a Leader – Think Like a Leader*. Boston, Mass. 2015

Ibarra, Herminia: »By Being Authentic, You May Just Be Conforming«. In: *Harvard Business Review* Januar/Februar 2015, S. 44 ff.

Ibarra, Herminia: *Working Identity. Unconventional Strategies for Reinventing Your Career*. Boston 2003

Katzenbach, Jon R.; Khan, Zia: *Leading outside the Lines. How to Mobilize the Informal Organization, Energize Your Team, and Get Better Results*. San Francisco 2010

Kets de Vries, Manfred: *Leben und Sterben im Business*. Düsseldorf 1996

Kühl, Stefan: *Organisationen. Eine sehr kurze Einführung*. Wiesbaden 2011

Leder, Angelika: *Wie Zahlenmenschen ticken*. München 2012

Luhmann, Niklas: *Der neue Chef.* Frankfurt am Main 2016
Malik, Fredmund: *Führen – Leisten – Leben. Wirksames Management für eine neue Zeit.* Frankfurt 2014
Merten, Klaus: »Die Lüge vom Dialog«. In: *Public Relations Forum* 1, 2000, S. 6–9
Minto, Barbara: *The Pyramid Principle.* London 2010
Monard, Harrison: *Executive Presence.* New York 2010
Moore, Geoffrey A.: *Crossing the Chasm. Marketing and Selling Disruptive Products to Mainstream Customers.* New York 2014
Nespital, Ulrike: »Wie effektiv sind Rhetorikkurse?«. In: *sprechen* 61, 2016, S. 56–66
Neumann, Reiner: *Die Macht der Macht.* München 2012
Nohria, Nitin; Khurana, Rakesh: *Handbook of Leadership Theory and Practice.* Boston 2010
Ong, Walter: *Orality and Literality.* London 2012 (1st ed. 1987)
Ordolff, Martin; Wachtel, Stefan: *Texten für TV.* 4., überarb. Aufl. Konstanz 2014
Pfeffer, Jeffrey: Power. *Why Some People Have It and Others Don't. New York 2010. Dt.: Macht. Warum manche sie haben und andere nicht.* Kulmbach 2013
Rifkin, Jeremy: *Die empathische Gesellschaft. Wege zu einem globalen Bewusstsein.* Frankfurt am Main/New York 2010
Sinek, Simon: *Start with Why. How Great Leaders Inspire Everyone to Take Action.* New York 2011
Sloterdijk, Peter: *Du musst Dein Leben ändern.* Frankfurt am Main 2009
Sprenger, Reinhard K.: *Vertrauen führt. Worauf es im Unternehmen wirklich ankommt.* Frankfurt am Main 2007
Sprenger, Reinhard K.: *Das anständige Unternehmen.* München 2015
Sprenger, Reinhard K.: *Radikal führen.* Frankfurt am Main/New York 2012
Sprong, Peter: *Das befreite Wort. Was für gute Redner wirklich wichtig ist.* Berlin 2011

Tannen, Deborah: *Du kannst mich einfach nicht verstehen. Warum Männer und Frauen aneinander vorbeireden.* Gütersloh 1991

Ulmann, Mathias: *Spin It! Denken wie ein Spin Doctor.* Frankfurt am Main 2015

Wachtel, Stefan; René Borbonus, *Schreiben fürs Hören.* Frankfurt 2022

Wachtel, Sabina; Stefanie Engeroff (Hrsg.): *Jeder kann wirken: Von Executives lernen: auftreten, antworten, reden.* Wiesbaden 2018

Wachtel, Stefan; Keil, Antje; Nicol, Clemens: *Sprechen und Moderieren in Hörfunk und Fernsehen und Social Media.* Köln 2022.

Wachtel, Stefan: *Rhetorik und Public Relations. Mündliche Kommunikation von Issues.* München 2003

Wachtel, Stefan: *Schreiben fürs Hören.* 5., überarb. Aufl., Konstanz 2013

Wachtel, Stefan: *Überzeugen vor Mikrofon und Kamera.* Frankfurt am Main/New York 1999

Wachtel, Stefan: *Die Kunst des Authentischen. 67 Wege in den richtigen Film.* Frankfurt am Main 2018 (überarb. Taschenbuch-Ausgabe von *Sei nicht authentisch. Warum klug manchmal besser ist als echt.* Kulmbach 2014)

Wachtel, Stefan: *Das Zielsatz Prinzip. Wie Pointierung unsere Wirkung erhöht,* 2., überarb. Aufl., Frankfurt am Main 2021

Wachtel, Stefan: *Reversed Pyramid. The Funnel Principle in Speech Answer and Text.* Frankfurt am Main/London 2021

Wehling, Elisabeth: *Politisches Framing. Wie eine Nation sich ihr Denken einredet – und daraus Politik macht.* Köln 2016

Weick, Karl E.: *Sensemaking in Organizations.* London/New Delhi 1995

Stichwortverzeichnis

N

O

P

Q

R

S

T

U

V

W

X

Z

Danke sehr!

An Dr. Stefanie Etzel, Holm Friebe, Emilio Galli-Zugaro, Dr. Michael Gordian, Petra Irrle, Andreas Seitz, Sabina Wachtel und Guido Werner. Danke an Anna Haifisch für Cover und Grafiken.

„Wir hinterlassen immer eine Wirkung, bloß leider oft nicht die gewünschte. Ich unterstütze Menschen darin, ihre Wirkung steuerbar zu machen.“

„Präsente Menschen werden gehört, sie werden wahrgenommen.“

„Es gibt keine persönliche Wirkung ohne Präsenz.“

Friederike Freifrau von Mirbach:
Das Präsenz Prinzip.
Wie aus Haltung Wirkung wird,
Hardcover, ca. 200 Seiten,
erscheint 2021, 24,90 €
ISBN 978-3-00-066646-9

www.vonmirbachcoaching.de

Schon zu ihrem ersten Buch *Gemeinsame Spitze. Wie Führung im Top-Team gelingt* schrieb die *F.A.Z.*:

> **»Dieses Buch setzt neue Standards«.**

Kai W. Dierke/Anke Houben:
Die 7 Mythen der Führung.
Ein Neuanfang
Hardcover,
308 Seiten, 2021
35 Euro
ISBN 978-3-947572-87-8
https://dierkehouben.com

THE FUNNEL CONFERENCE

Jedes Jahr im Herbst findet die Jahrestagung der »Leading Coaches of the World« statt (www.lcotw.com).

Diskutiert wird mit Speakern aus der ganzen Welt: Wie kann man Lernen fördern in einem Alltag unter Zeit- und Leistungsdruck. Effizienz und Methodik des Executive Coachings sind die Themen der Funnel Conference.

Im Martinez Hyatt in Cannes.

office@leading-coaches-of-the world.com
www.funnel-conference.com

THE FUNNEL CONFERENCE

TED TALK VON STEFAN WACHTEL

Das Prinzip REVERSED PYRAMID ...

in kaum mehr als zehn Minuten komprimiert.
Youtube »Stefan Wachtel TED«